PATRICK SANSANO

Vivre l'instant présent

JOURNAL 2024
Juillet décembre

Journal VII tome 2

Vivre l'instant présent tome 2

© 2025 PATRICK SANSANO
Édition : BoD · Books on Demand, 31 avenue Saint-Rémy, 57600 Forbach, bod@bod.fr
Impression : Libri Plureos GmbH, Friedensallee 273, 22763 Hamburg (Allemagne)
ISBN : 978-2-3225-5563-5
Dépôt légal : Janvier 2025

Valence, 1ᵉʳ juillet 2024

Les actualités télévisées ne parlent que du score du RN aux élections législatives. J'ai dû me rendre dans la zone artisanale ce matin afin d'acheter une nouvelle sacoche en bandoulière car la fermeture éclair de l'ancienne était cassée.

Je regarde ce soir le téléfilm « Le Chapeau de Mitterrand » avec Frédéric Diefenthal, Gaëlle Bona, Roland Giraud et Michel Leeb.

Puis, je termine la soirée avec les clips d'Emma de « Souvenir ».

2 juillet

J'ai fait des cauchemars et j'ai très mal dormi. Ce matin, j'ai mal à la tête.

Après un aller-retour à la médiathèque, je regarde « Mannix », « Le Saint » et « Mission Impossible » puis écoute des CD de Marcel Amont.

Demain, je serai à Rochemaure. A présent, je regarde le téléfilm « Un si joli bouquet » avec Samuel Labarthe, la vedette de la deuxième saison des « Petits meurtres d'Agatha Christie ».

Je termine la soirée avec des clips d'Emma.

Rochemaure, 3 juillet

J'ai fait un cauchemar qui se situait pendant la seconde guerre mondiale. J'étais pris en otage par des nazis et savais que des gens autour de moi allaient être fusillés.

La journée a mal commencé : en sortant de Valence, sur une route en chantier limitée à 30 kilomètres/heure, un poids lourd m'a klaxonné jusqu'à ce que je me rabatte sur le côté pour le laisser passer.

Nous sommes allés voir avec Lucas notre 32e film ensemble, « Pourquoi tu souris ? », que je n'ai pas aimé. Il s'agit d'une comédie « politiquement correcte ».

J'ai trouvé ma fille très fatiguée. Je n'en dirai pas davantage par pudeur.

Je suis rentré en soirée moi-même assez fatigué. Ces jours-ci, je dors mal, et j'ai des maux de ventre, en raison d'un transit trop fréquent.

J'ai joué aux petites voitures un moment avec Lohan. Je souhaite que la sérénité revienne dans ma vie et dans celle de ma famille. Ces trois mois entre deux analyses de sang m'ont épuisé. J'aspire à la tranquillité, à retrouver une certaine routine.

Valence, 4 juillet

J'ai fait un 33e cauchemar sur mon ancienne entreprise. Le précédent rêve sur ce thème date du 30 juin. J'étais encore délégué syndical CGT, près de prendre la retraite. Dans le songe, il y avait Arlette D., l'ancienne déléguée syndicale partie en retraite en 2009. Mon ancien travail m'obsède des années après mon départ.

Je manque de chance en ce moment. Je me suis rendu au magasin Boulanger où j'ai attendu longtemps. Mon appareil Sodastream n'est pas réparable. Je leur ai laissé (le modèle n'existe plus). J'ai acheté la nouvelle version. Le nouvel appareil n'est pas adapté aux petites bouteilles que j'utilisais. En voulant mettre du gaz dans l'une, il y a eu une explosion. De l'eau partout dans la cuisine, sur mes cheveux, mes lunettes. J'ai eu très peur. Il faut se servir de la grande bouteille qui se clipse à l'appareil, quitte à ensuite reverser l'eau gazéifiée dans les anciennes petites bouteilles, qui me servent de réserve au réfrigérateur. J'ai donc en permanence au frais une grande et deux petites bouteilles d'eau gazeuse.

Ce soir, je regarde « La Dame dans l'auto avec des lunettes et un fusil », d'après un roman de Sébastien Japrisot. Il s'agit d'un remake, datant de 2015, d'un film déjà adapté en 1970.

5 juillet

Je ne m'étais pas rendu au cimetière depuis le 8 juin. Il fait très chaud, je ne reste pas longtemps. Je me suis levé trop tard et le soleil de plomb m'empêche de faire ma promenade quotidienne. Je suis allé sur la route de Beaumont-lès-Valence, mais il n'y a aucun bois, aucune forêt.

Après avoir vu mes séries, j'ai marché au bord des canaux et réussi par 31 degrés à faire ma demi-heure quotidienne d'exercice.

J'écoute Sacha Distel sur ma platine vinyle.

Ce soir, je regardais « Ne le dis à personne » quand C. m'a téléphoné très longtemps. Je tiens à rester discret dans ce *journal* sur C. J'avais vu 48 minutes du film et l'ai repris à 1h46.

6 juillet

J'ai souhaité son anniversaire à ma fille. J'ai eu le tort de regarder la fin de « Ne le dis à personne » et me suis couché à 3h du matin.

J'ai rêvé que des gens me rencontraient car ils voulaient des renseignements sur Muriel Baptiste, Diana Rigg et un troisième artiste que j'ai oublié. Tout ce qu'ils savaient ou croyaient savoir sur Muriel était erroné.

Encore des incompréhensions avec C., il va falloir clarifier la situation.

7 juillet

L'essentiel de ma journée concerne C. dont je ne compte pas parler en détail dans ce *journal*.

Ce soir, je regarde « Le Détective » avec Frank Sinatra.

Je termine ce dimanche avec des clips d'Alessandra Amoroso (surnommée « Ale »).

8 juillet

Comme je le craignais, de bon matin, des méchancetés, des insultes de C. J'ai mis un terme à cette relation toxique.

Cet après-midi, je regarde « Mannix », « Le Saint » et « Mission Impossible ». J'écoute ensuite des 33 tours de Sacha Distel. J'essaie de reprendre mes esprits, de retrouver ma sérénité, après l'affrontement de ce matin avec C.

Je vois ce soir le film « Le Septième juré » de Georges Lautner avec Bernard Blier et Maurice Biraud. C'est un excellent film.

Je termine cette sombre journée avec des clips de Giorgia.

9 juillet

J'éprouve une profonde lassitude en me levant. Je me rends à la médiathèque, ce qui donne un but à ma marche quotidienne.

J'ai emprunté à la médiathèque une comédie, « Love actually », film de 2023 dont la vedette est l'acteur écossais Sam Heughan. Sam a failli être James Bond. Je l'ai vu sur Netflix dans une série sur le voyage dans le temps, « Outlander », qui ne m'avait pas passionnée. Il est bien dommage que ce comédien n'ait pas interprété James Bond ou Simon Templar, car il me rappelle beaucoup Roger Moore.

Ce soir, je revois « L'homme qui aimait les femmes » de François Truffaut avec deux énormes atouts : Charles Denner et la splendide musique de Maurice Jaubert.

Puis, je décide de revoir un épisode extraordinaire du « Saint », « L'Homme qui avait de la chance », que j'ai déjà vu le 13 juin. Il me semble que c'est un des meilleurs épisodes de la série.

10 juillet

J'ai passé la journée à attendre une livraison d'UPS. Elle devait avoir lieu ce matin, mais ils ont modifié le créneau horaire de livraison, et j'ai reçu mon paquet à 17h00.

J'ai en mains mon livre, le tome 1 de ce *journal*, qui est bien trop épais. Je ferai plus court désormais.

Ce soir, je vois pour la quatrième fois « Le Schpountz » avec Fernandel, Orane Demazis et Fernand Charpin.

Après avoir beaucoup apprécié ce film, je regarde des clips d'Emma.

11 juillet

Longtemps, je faisais une sorte de célébration le 11 juillet, car c'est la date de naissance de Muriel Baptiste, qui aurait donc 81 ans aujourd'hui, mais nous a quittés à l'âge de 52.

Disons que je suis passé à autre chose. Depuis 2019, Emma l'a supplantée, et les confidences de David sur son couple avec Muriel (lui qui est plus jeune que moi, alors que je pensais Muriel inaccessible en raison de ma différence d'âge avec elle) ont écorné mon admiration pour elle.

On ne peut pas vivre avec les morts. Le 22 juillet, ce sera le 20ᵉ anniversaire de la mort de Sacha Distel, dont j'écoute souvent les disques. Il n'y aura sans doute aucun hommage à la télévision. Il est oublié. Les dernières années de sa vie, son succès avait nettement fléchi.

Il fait de plus en plus chaud, soit 31 degrés, je continue de marcher pour éviter le diabète, mais il m'en coûte.

Je regarde ce soir « La Maison qui tue » avec Peter Cushing et Christopher Lee, puis des clips d'Emma.

12 juillet

Depuis deux ou trois jours, j'ai du mal à me lever le matin. C'est peut-être une conséquence de la chaleur.

Après Peppino di Capri et Dave, je passe des après-midis à écouter Sacha Distel. Il s'agit d'albums 33 tours. Cela n'a rien à voir avec l'anniversaire de sa mort, l'an dernier je l'écoutais déjà. J'ai dix-neuf albums de lui en vinyle qui vont de 1959 à 1985. C'est l'occasion d'écouter des chansons d'albums peu connues. Je me régale. Je possède aussi des CD mais ce ne sont que des compilations de succès.

Je regarde ce soir « Flic Story » avec Alain Delon et Jean-Louis Trintignant, puis des clips d'Ale.

13 juillet

En ne prenant que mon somnifère et pas mes anxiolytiques, je me suis réveillé à cinq heures du matin. Après ma marche quotidienne, je me suis rendu chez le dépanneur informatique car mon appareil manquait de mémoire. Il a trouvé le problème, je garde trop de mails. J'ai beaucoup apprécié qu'il ne me fasse pas payer

A mon retour, dans ma boîte à lettres, il y avait mon 2452ème CD, le très rare exemplaire de la musique du James Bond « Octopussy », sorti en catimini en février, et que j'avais raté. Un amateur de musiques de films m'a revendu le sien, neuf. Je l'écoute cet après-midi.

Ce soir, Gianni Morandi anime une émission de trois heures sur la chaine Rai Uno : « Evviva ! ». Il montre une séquence des années 70 avec Alan Sorrenti chantant « Figli delle stelle » mais le coupe très rapidement. Il présente avec Nek et Francesco Renga des archives de la télévision italienne sur la chanson. Malheureusement, c'est terriblement ennuyeux. Je regarde donc « Topaze » avec Fernandel.

Je termine la journée avec des clips de Giorgia.

14 juillet

J'ai fait un 34e cauchemar sur mon ancienne entreprise. Il était confus et angoissant. Je ne me souviens que de bribes au réveil.

Quelqu'un a tenté d'assassiner Donald Trump.

Je n'avais pas vu « Chapeau melon et bottes de cuir » depuis vingt ans. J'ai commencé en avril à les revoir. Aujourd'hui, c'est le tour de « L'Héritage diabolique » et « Comment réussir un assassinat ». J'essaie de retrouver l'intérêt d'autrefois, sans vraiment y parvenir.

L'attentat contre Trump éclipse complètement la mort de l'actrice Shannen Doherty (vedette entre autres de la série « Charmed », que je regardais avec ma mère dans « La Trilogie du samedi » sur M6). La mort de Shannen n'est hélas ! pas une surprise, elle se battait contre le cancer depuis 2015.

J'écoute des 33 tours de Sacha Distel.

Je me suis rendu au feu d'artifice de Valence avec l'association des solos. J'étais entouré de dames sympathiques. Le feu d'artifice était superbe, et une des participantes m'a raccompagné en voiture chez moi.

15 juillet

Catherine, qui organisait l'activité feu d'artifice pour l'association, m'a incité à rejoindre le groupe mercredi à Bourg de Péage pour un dîner et une soirée au restaurant « Mamao ». Je me suis inscrit aujourd'hui.

Ce soir, je regarde « L'Homme de Rio » avec Jean-Paul Belmondo et Françoise Dorléac.

Je termine la soirée par des clips d'Emma.

16 juillet

J'ai rêvé de Louis Velle dans « L'Homme qui revient de loin ».

Mon GPS ne trouve pas l'adresse du restaurant. J'ai dû me rendre sur place pour repérer les lieux pour demain, en passant par les villages (Montélier, Alixan).

Mon ordinateur est en réparation et me manque beaucoup.

J'ai du mal à trouver un film pour chaque soir. Je regarde « Le Testament du docteur Cordelier » de Jean Renoir avec Jean-Louis Barrault.

17 juillet

J'ai enfin récupéré mon ordinateur.

Toute ma vie, j'aurai peur du dentiste. J'appréhende mon rendez-vous de 15h20 pour mes douleurs et saignements des gencives.

Elle diagnostique une gingivite et me donne un traitement. Je le commencerai demain car ce soir, je vais au restaurant à Bourg de Péage.

La soirée m'a déçu. Je me suis trouvé entre deux groupes de personnes et ne pouvais participer aux conversations, assourdi par les uns et les autres. Seule l'organisatrice, Catherine, m'a montré de l'intérêt et de la gentillesse.

En revenant de Bourg de Péage, je me suis trompé de chemin et suis passé par les petites routes de campagne, moi qui n'aime pas conduire la nuit.

18 juillet

Le chauffagiste, un jeune, est venu dès 10h00, début du créneau horaire d'intervention. Il ne m'a pas fait d'histoires comme son confrère plus âgé venu le 16 octobre dernier qui voulait m'obliger à faire percer une seconde ouverture d'air à la cuisine.

Ce soir, je regarde à nouveau « La Fièvre au corps » (que je viens de revoir le 17 juin). J'adore littéralement chaque plan, chaque image de ce film.

19 juillet

J'ai rêvé cette nuit de la CGT et de l'ancienne déléguée syndicale de mon entreprise, Arlette. Je voulais faire partie d'une délégation du syndicat, mais j'étais exclu.

Je me rends au cimetière, ma dernière visite date du 5 juillet.

Ce soir, Emma est sur Rai Uno dans l'émission « Tim Summer Hits » présentée par Carlo Conti et Andrea Delogu. Le spectacle commence avec le groupe Ricchi e Poveri.

Emma arrive ensuite toute vêtue de cuir, avec d'immenses lunettes noires. Elle chante « Femme fatale ». Après avoir chanté, elle dit que la sortie d'un nouvel album est une affaire de quelques mois. Il semble qu'elle doive revenir au cours de la soirée.

Après elle, nous voyons sur scène Paola et Chiara, Fabrizio Moro, La Rappresententa di Lista, Anna (que je ne connaissais pas), Orietta Berti. C'est la quatrième et dernière soirée de l'année pour les Tim Summer Hits.

Emma revient moins habillée et sans lunettes, en trio avec JVLI et Olly chantant « Ho voglia di te ». Elle a un décolleté profond. Emma part trop vite, laissant Olly seul pour une autre chanson sans intérêt.

Viennent ensuite Colapesce et Dimartino, Noemi, BNKR44 et Pino d'Angio (filmé quelques jours avant sa mort), les Boomdabash, Cristiano Malgioglio, Piero Pelù, Benji et Fede, Mr.Rain, Ana Mena et Dargen D'amico, Michele Bravi, Sarah, I Santi Francesi, Aiello, Rhove, La Sad.

Dans le lot, il y a des artistes anecdotiques dont je pense que les carrières seront éphémères comme Anna et Sarah.

20 juillet

David m'a téléphoné en début d'après-midi.

Il fait très chaud aujourd'hui, je ne suis pas sorti marcher.

Ce soir, je regarde « Voulez-vous danser avec moi ? » avec Brigitte Bardot, un excellent film.

Je termine la journée avec des extraits d'Emma en concert et des clips de Giorgia.

21 juillet

Il pleut ce matin et il fait nuit. La chaîne Melody annonce un hommage à Sacha Distel avec la rediffusion mardi à 20h50 d'une émission des Carpentier, « Top à », de 1972.

Je regarde le film « Cap Canaille » avec Juliet Berto et Jean-Claude Brialy. C'est d'un ennui mortel.

Après avoir tenté de faire ma marche, et reçu la pluie, je regarde « Belphégor, le fantôme du Louvre » avec Sophie Marceau et Michel Serrault, que je n'avais pas revu depuis vingt ans.

Ce soir, je revois pour la neuvième fois « Rebecca », d'Alfred Hitchcock, d'après le roman de Daphné du Maurié. Il s'agit d'un film que j'ai vu huit fois avec ma mère. J'avais au début la cassette VHS enregistrée à la télévision, puis elle m'avait offert le DVD dans un coffret Hitchcock. Dans le film, il y a un chien qui s'appelle Jasper, et avec ma mère, nous avions rebaptisé notre chien Vikki de ce nom. Quand nous disions à haute voix

« Jasper », Vikki dressait les oreilles. Il est incroyable que j'aie revu ce film la dernière fois en 2017. Je pense le regarder régulièrement désormais.

« Rebecca » est un film culte au même titre que « La Fièvre au corps », « Morts suspectes », « L'Homme au pistolet d'or », « Mille milliards de dollars » ou « Le Schpountz ». A cette liste, j'ajouterai « Peur sur la ville », « Pas de printemps pour Marnie » et « La Sirène du Mississipi ».

Dans « Rebecca », dans un mauvais rôle, on découvre George Sanders qui fut Simon Templar «Le Saint» au cinéma, avant la série avec Roger Moore. Atteint de démence et victime d'un AVC, George Sanders s'est suicidé en 1972 en Espagne en avalant des barbituriques avec de la vodka.

Un autre acteur familier est présent dans « Rebecca », Nigel Bruce, qui fut le docteur Watson dans la série « Sherlock Holmes » avec Basil Rathbone.

Je termine la soirée en regardant Emma.

22 juillet

C'est le vingtième anniversaire de la mort de Sacha Distel, qui est bien oublié. Je pense que ceux qui l'écoutaient sont âgés ou morts. Je regarde 52 séquences télévisées, extraites d'émissions des années 60 à 80.

Poursuivant mon hommage à Sacha, je regarde ce soir « Sans mobile apparent », son seul film en tant qu'acteur.

A l'automne de ma vie, voici la liste des artistes qui ont enchanté ma vie : quatre chanteurs italiens : Peppino di Capri, Alan Sorrenti, Gianni Morandi, Emma Marrone, deux acteurs, Muriel Baptiste et Roger Moore, un chanteur français : Sacha Distel.

Ces sept artistes ont illuminé ma vie. Muriel, Roger et Sacha me manquent énormément.

J'ai failli rajouter à cette liste deux noms, et deux seuls : Diana Rigg et Gigliola Cinquetti. Pour la première, je dois dire que l'absence de tout chagrin à sa mort en 2020 alors qu'elle avait renié « Chapeau melon et bottes de cuir » depuis des lustres est éloquent. Gigliola, je l'ai rencontrée en 1984 et je la trouve détestable.

Ce soir, je regarde le « Top à Sacha Distel » du 8 décembre 1973, exceptionnel à plusieurs titres : Sacha chante ma chanson préférée, « Comme les enfants », et à ma connaissance c'est la seule fois qu'elle a été filmée, car hélas ! elle n'est pas connue. Dans l'émission, il y a des duos inédits entre France Gall et Sacha, et un sketch de Francis Blanche (quelques mois avant sa mort). Je ne pensais jamais revoir cette émission.

Ensuite, je regarde un autre « Top à Sacha Distel », daté du 14 octobre 1972. Sacha y interprète mon autre chanson préférée, « Ma première guitare », accompagné par le violoniste Stéphane Grappelli.

23 juillet

Pendant des années, j'ai détesté le film « Psychose » parce qu'après l'avoir vu, le dimanche 6 novembre 2005, j'avais appris la terrible nouvelle de la mort de Muriel. Ce matin, la médiathèque proposait dans ses nouveautés la version restaurée en DVD. J'ai regardé le film. Il ne me semble plus maudit comme en 2005, mais l'ayant beaucoup vu, il ne me procure plus le plaisir d'autrefois.

Ce soir, la chaîne Melody fait un hommage à Sacha Distel pour les vingt ans de sa disparition. Après un Top à de Maritie et Gilbert Carpentier, il y a un concert à la mairie de Paris en avril 1997.

24 juillet

J'ai rêvé que je me trouvais avec les créateurs de la série « Les Envahisseurs » et un groupe de fans américains.

Dans le rêve, il y avait deux producteurs non identifiés. Il faut dire que je ne connais pas le visage de Quinn Martin et Larry Cohen. Je leur posais des questions sur la fin de la série, et ils ne me répondaient pas, étant embarrassés.

Je lisais le roman de Martha Grimes « Vertigo 42 » quand David m'a téléphoné pour me parler de Muriel.

Ce soir, je regarde « Mystère à Venise » avec Kenneth Brannagh.

25 juillet

J'ai fait un cauchemar dans lequel je devais trouver un emploi.

Sur Facebook, j'apprends la mort de Pascal Danel à l'âge de 80 ans. J'ai beaucoup de disques de lui, mais ne l'écoute plus depuis longtemps. Son décès a été évoqué à la fin du journal de 13 heures sur TF1.

Je suis malade depuis ce matin, un problème intestinal.

Je revois ce soir « Mille milliards de dollars » avec Patrick Dewaere.

26 juillet

Comme le 19 juillet, j'ai rêvé de la CGT de mon ancienne entreprise. Je me trouvais avec l'ancienne trésorière Jocelyne V. et nous avions beaucoup de nouveaux adhérents. Nous étions un peu dépassés.

La chaleur est intense mais encore supportable. Catherine, l'organisatrice de la sortie à Pont de Barret de vendredi prochain, m'a téléphoné pour me donner des détails.

Je regarde « Le Saint », « Mission Impossible », puis j'écoute des disques de Marcel Amont, Sacha Distel, Frank Sinatra et des musiques de films. Malgré la marche quotidienne et mon régime alimentaire, ma santé, sans entrer dans les détails, laisse à désirer.

Ce soir, sur Rai Uno, il y a un best of « Tim Summer Hits », qui me permet de voir Alessandra Amoroso avec BigMamma et Emma.

27 juillet

Ma santé me préoccupe. Je regarde le film « Enfin veuve » avec Michèle Laroque. Excellent film drôle et émouvant.

Je regarde ce soir « L'Horloger de Saint-Paul » avec Philippe Noiret. J'ai uriné toute la journée et j'ai le canal de l'urètre irrité. Hier, j'avais aussi mal aux intestins, mais cela s'est calmé.

28 juillet

J'ai rêvé que je me rendais dans des endroits menacés de disparition. Il y avait une grande pharmacie, un disquaire, et un endroit situé au bord d'un lac où je retrouvais Jean-Marie N., le contrôleur qui m'a aidé lors des difficultés que j'ai rencontrées pour ma demande de retraite complémentaire.

Je suis allé rendre un DVD dans la boîte « retour de documents » de la médiathèque, fermée le dimanche et le lundi. Cela m'a permis de faire ma marche. Ensuite, je suis allé repérer l'endroit où Catherine m'a dit de laisser ma voiture pour le covoiturage vendredi prochain, en vue de la journée à Pont-de-Barret.

Après un très bon épisode du « Saint », « Le laboratoire secret », je regarde « Les Granges brûlées » avec Simone Signoret et Alain Delon. Il fait très chaud dehors.

David m'a appelé avant la fin du film.

Ce soir, je regarde une valeur sûre, « Gold », de Peter Hunt, film avec Roger Moore, Ray Milland et Bradford Dillman.

29 juillet

J'ai fait deux cauchemars : dans le premier, j'assistais à une convention de fans sur « Chapeau melon et bottes de cuir » mais il n'était question que des épisodes avec Cathy Gale et Emma Peel. J'ai enchaîné sur un 35e cauchemar sur mon ancienne entreprise, le dernier datant du 14 juillet. Je devais retourner travailler sous les ordres de mes supérieurs, Claude S. (décédé en 2019) et C. et ils n'étaient pas contents de moi.

Il fait très chaud ce matin. Après avoir acheté au magasin Décathlon une chaise de camping pour les sorties de l'association, j'ai mis la climatisation mobile dans mon appartement.

Ce soir, je regarde le film de Claude Berri « Le Maître d'école » avec Coluche. Après cette comédie, je regarde un « Top à Sacha Distel » du 12 mai 1973 où il chante « Je prends le temps de vivre », « Ainsi soit-il », « Chanson pour toi », des perles rares et oubliées que je trouve bien meilleures que certains de ses succès.

30 juillet

Après « Le Saint » et « Mission Impossible », je regarde cet après-midi « Morts suspectes », mon film préféré.

Hier, à 22h12, j'ai écrit à une ancienne collègue de travail, Sylvie, que j'ai en amie sur Facebook. Je lui ai parlé de mes problèmes de santé. Aujourd'hui, je constate qu'elle a lu le message et ne répond pas. Je suis très déçu.

Je regarde ce soir « La Mémoire dans la peau » avec Matt Damon. C'est du cinéma américain moderne, celui que je n'aime pas.

31 juillet

Cet après-midi, je regarde « L'Affaire Dominici », avec Jean Gabin. Je trouve que le film traîne en longueur.

Tandis que j'écoute un CD de Bernard Herrmann, je reçois une gentille réponse de Sylvie. Elle m'apprend qu'un de mes anciens collègues a eu de gros soucis de santé fin 2023. J'écoute ensuite un best of de Sacha Distel.

Je regarde ce soir « L'Affaire Thomas Crown » avec Steve McQueen et Faye Dunaway, dont j'avais gardé un meilleur souvenir et qui me semble surestimé.

1ᵉʳ août

Après « Le Saint » et « Mission Impossible », je regarde le film « Monsieur Papa » (1977) de Philippe Monnier avec Claude Brasseur et Nathalie Baye. Comme je le pensais, le film est inintéressant.

Ce soir, je regarde le film d'Yves Robert « Un éléphant, ça trompe énormément ».

Pont-de-Barret et Comps, 2 août

Avec l'association française des solos, j'ai passé une paisible et agréable journée à la fontaine minérale de Pont-de-Barret. J'ai pu constater que je suis en bonne santé, car la veille, j'avais passé ma journée à uriner, ce qui est bien dû au stress car je n'ai pas eu ce problème durant la journée. Catherine organisait la sortie, et nous n'étions que trois. Après la fontaine minérale, l'autre personne est rentrée chez elle et nous sommes allés à Comps assister dans l'église (à l'écart du village et sur une hauteur) à un concert de Brahms donné par Sylvie Sagot Duvaroux. Elle a joué une œuvre de jeunesse du compositeur, la sonate en fa mineur opus 5, puis les intermezzi opus 117.

Je suis rentré tard et fatigué, mais rassuré sur mon état de santé.

Valence, 3 août

J'ai fait un cauchemar dans lequel je vivais encore avec mon ex-femme. Au réveil, j'ai mis un moment à réaliser que cette situation appartenait au passé.

J'ai découvert aujourd'hui une série américaine datant de 1953, « General Electric Theater », dont on retrouve quelques épisodes sur Internet, filmé au kinéscope, l'ancêtre du magnétoscope. Les épisodes sont présentés par Ronald Reegan, qui joue dans certains épisodes. Il s'agit d'une anthologie, avec des histoires différentes et un seul point commun, le présentateur. Je viens d'acheter le CD de Jerry Goldsmith, compositeur de cette anthologie, dont la partition a été réenregistrée avec du matériel moderne évidemment.

Ce soir, j'ai moins aimé « Nous irons tous au Paradis », suite de « Un éléphant ça trompe énormément ».

Je termine la journée avec des clips d'Ale.

4 août

Après avoir regardé deux épisodes de « General Electric Theater », en VO sans sous titres, je m'amuse beaucoup avec la comédie « Retour vers le futur » avec Michael J. Fox.

Ce soir, je regarde « Le Chien des Baskerville » avec Peter Cushing et Christopher Lee. Je le vois une fois par an, en été.

5 août

Je n'ai rien fait d'intéressant aujourd'hui, à part regarder ce soir « L'Aile ou la cuisse » avec Louis de Funès et Coluche.

6 août

J'ai rêvé que je rencontrais Dorothée, la chanteuse et animatrice d'émissions pour enfants.

Claire vient me voir aujourd'hui. David m'a téléphoné mais je lui ai dit que j'étais occupé.

Avec Lohan, nous allons voir notre 15e film ensemble, « Garfield : héros malgré lui ».

Il fait un temps de canicule. La journée passe trop vite.

7 août

J'ai très mal dormi, m'étant réveillé à trois heures du matin. Je devais me rendre au pique-nique au parc de Lorient à Montéléger avec l'association, mais un orage éclate. La sortie est annulée.

Je reçois ce jour un CD, « Jerry Goldsmith : General Electric Theater », qui a été réenregistré par Leigh Phillips dirigeant l'orchestre philarmonique de Prague. Mort en 2004, Goldsmith aurait été loin de se douter que son œuvre vingt plus tard serait encore appréciée au point que l'on enregistre ses partitions oubliées. Il me reste un CD à recevoir, celui de Renaud Hantson chantant Marcel Amont, Michel Delpech, Michel Berger, Gilbert Bécaud, Michel Jonasz, William Sheller, Daniel Balavoine, Johnny Hallyday et d'autres. Ce sera mon 2455[e] CD d'une collection que je trouve sage d'interrompre, tellement j'ai d'œuvres à écouter.

Patrice Laffont, le présentateur de « Des Chiffres et des lettres », est mort à 85 ans d'une crise cardiaque.

Cet après-midi fut consacré à plusieurs écoutes du CD de Jerry Goldsmith, et aussi à Frank Sinatra. Cet été, j'écoute beaucoup Marcel Amont, Sacha Distel et Sinatra.

Je regarde ce soir « Fantômas » de André Hunebelle, avec Jean Marais et Louis de Funès. J'aime beaucoup le film, mais n'apprécie pas (pour une fois) la musique. Je n'ai jamais aimé Michel Magne. J'apprécie beaucoup en revanche la voix de Raymond Pellegrin en Fantômas.

Je termine cette belle journée avec des clips d'Emma.

8 août

J'ai peu de souvenirs de mon rêve de cette nuit sinon qu'il y avait Mireille, ancienne collègue de travail et déléguée syndicale.

Je suis vraiment agacé de devoir me rendre au psy cet après-midi. Je viens de recevoir le CD de Renaud Hantson dans ma boîte aux lettres, j'ai hâte de l'écouter, et j'ai beaucoup d'épisodes de « General Electric Theater », « Suspense » et « Histoires Insolites » à voir. Mes journées sont bien remplies. Nous sommes en alerte canicule et je suis mieux chez moi.

Ce soir, je prends beaucoup de plaisir à regarder « Fantômas se déchaîne », deuxième film de la saga.

9 août

J'ai fait un premier rêve que j'ai oublié. Le second concernait Alain Delon. Il voulait faire une conférence de presse avec un footballeur nommé Gombo. Mais personne ne voulait y participer et il se retrouvait tout seul et devait renoncer. On jugeait qu'il avait perdu la raison, et que ses propos risquaient de provoquer une polémique.

J'ai passé une journée paisible. Ce soir, je regarde « Fantômas contre Scotland Yard », aussi drôle que les deux premiers volets. Je regrette qu'un quatrième épisode n'ait pas été tourné.

10 août

J'ai rêvé que j'avais créé deux poupées autonomes intelligentes, qui avaient l'aspect de petites filles. Je ne parvenais pas à retenir leur nom. L'une était animée par le bien, l'autre par le mal, et je n'avais aucun contrôle sur mes créatures.

Je me suis lassé de regarder des séries américaines en VO sans sous titres. J'ai vu dans l'anthologie « Histoires insolites » un excellent épisode avec Maurice Ronet, « Folie douce ». Je reprends à partir d'aujourd'hui la série « Les enquêtes du commissaire Maigret » avec Jean Richard. Je suis contrarié car mardi, l'eau sera coupée de 8h00 à 17h00 pour des travaux dans mon immeuble.

Je voulais regarder le téléfilm « La Fin et les moyens », mais David m'a appelé.

Ce soir, je vois « Dead Zone » avec Christopher Walken. Je connais cet acteur pour le James Bond « Dangereusement vôtre ». L'actrice qui joue dans le film, Brooke Adams, dont je viens de voir sur Internet qu'elle est aujourd'hui une dame de 75 ans, m'est familière. Dans les années 70, cette actrice m'a fait fantasmer dans « Le Commando des morts vivants » avec Peter Cushing et « L'Invasion des profanateurs » avec Donald Sutherland. Je la confonds avec Kathleen Beller, que j'ai vue dans un épisode de « Hawaii Police d'état » (« Le Front de mer »), et dans le rôle de Kirby dans « Dynastie ». Cela me fait un choc de réaliser que ces actrices comme Lynda Day George, Lesley Ann Warren, Brooke Adams et Kathleen Beller sont aujourd'hui de vénérables grand-mères, alors qu'elles m'ont tellement fait fantasmer quand j'étais adolescent.

« Dead Zone » manque de rythme. C'est un bon film, mais dans mon souvenir, l'ayant vu à sa sortie, j'en avais une meilleure impression. Je ne me rappelais pas de la fin émouvante.

Je termine la soirée avec des clips de la belle Giorgia.

Demain, je vais me concocter un programme à l'abri de la chaleur : musique avec Jerry Goldsmith, Frank Sinatra, Marcel Amont, Sacha Distel, Renaud Hantson, films et séries avec « Maigret » entre autres.

11 août

J'ai rêvé de Muriel sans doute à cause de l'appel téléphonique de David qui m'en a parlé durant des heures. Dans le songe, elle mourait en 1967, juste après « La Princesse du rail », et non à 52 ans en 1995. Je me trouvais dans un village inconnu où l'on parlait d'elle depuis des années.

Ce temps de canicule me fait sombrer dans la torpeur. Je n'avais pas envie de me lever. Je regarde la fin du téléfilm d'hier avec Florence Giorgetti, « La Fin et les moyens » et écoute un CD de Marcel Amont.

Après avoir regardé « Maigret », et tandis que j'écoutais un CD de Frank Sinatra, David a encore essayé de m'appeler mais je n'ai pas répondu. J'ai enchaîné avec un CD de Renaud Hantson qui reprend des chansons françaises connues, puis regardé la belle Lynda Day George dans un épisode de la série « Angoisse » en VO sans sous-titres : « Come out, come out wherever you are », datant de 1974.

Je regarde ce soir « La Proposition », un de mes films préférés, avec Sandra Bullock. Je ne m'en lasse pas.

12 août

J'ai rêvé d'Emma et d'Umberto Tozzi.

Il va faire 37 degrés et j'ai mon rendez-vous chez la pédicure à 14h45, dont je me serais bien passé !

La canicule a atteint mon moral qui n'est pas bon. J'apprécie beaucoup le film « Le Tueur » avec Jean Gabin.

13 août

J'ai mal dormi, mais fait deux rêves. Dans le premier, il y avait ma tante Renée (décédée en 2004). Dans le second, il était question d'un site de rencontre qui se révélait être une arnaque.

Des travaux dans ma copropriété ont nécessité une coupure d'eau. A la suite de cela, j'ai constaté que l'eau arrivait sale. J'ai contacté la société qui intervenait, ils m'ont dit que si cela persistait, il fallait que je nettoie les mousseurs des robinets. Fort heureusement, le problème ne se posait qu'aux WC et s'est résolu.

Je regarde un DVD avec Sandra Bullock, emprunté à la médiathèque, « Ocean's 8 ». Hélas, il est long et ennuyeux. J'enchaîne avec un épisode de « Maigret » : « Signé Picpus ». Ensuite, j'écoute de la musique (Sacha Distel).

Le voisin d'en face vient de frapper à ma porte. L'eau est coupée chez lui. Je lui ai proposé de lui remplir des bouteilles d'eau, mais il préfère aller en acheter.

Ce soir, je regarde « La Métamorphose des cloportes », film qui m'intéresse essentiellement pour le comédien Maurice Biraud que j'adore. Je n'aime pas les dialogues en argot de Michel Audiard. J'apprécie aussi beaucoup Lino Ventura et Daniel Ceccaldi.

14 août

J'ai rêvé cette nuit que je me trouvais dans un groupe de personnes où figurait Daniel G., qui fut un collègue de travail dans les années 80. On m'incitait à investir 1000 euros pour acheter une édition rare d'un CD de Jerry Goldsmith, « Congo », une musique de film que je ne possède pas.

La canicule étant terminée, je reprends ma marche ce matin. Il fait cependant très chaud, et aucune pluie ne vient me soulager. Je regarde l'excellent film de John Sturges « La Grande évasion » avec entre autres Steve McQueen. Les scénaristes ont réussi ce que ceux de « Ocean's 8 » ont raté : faire une histoire passionnante. Le film dure 2h45 et je ne vois pas passer le temps.

Ensuite, je me mets à écouter ma collection de CD de Sting, commencée en 1996.

Ce soir, je regarde un bon film policier français, « Pour la peau d'un flic », de et avec Alain Delon.

15 août

J'ai rêvé du groupe James Bond de Facebook.

Je suis contrarié car le chargeur de mon ordinateur est défectueux, et mon magasin informatique est en congés.

Je me suis rendu au repas de l'association française des solos. Il s'est bien passé et nous avons ensuite joué à des jeux de société. Mais comme j'ai gagné toutes les parties, la fille qui organisait les jeux s'est bêtement vexée. Je suis rentré chez moi désappointé.

Ce soir, je regarde « Le Gorille vous salue bien » avec Lino Ventura. Je trouve ce film assez moyen.

16 août

Je me suis rendu au magasin Boulanger à l'ouverture pour acheter un chargeur, en amenant le défectueux. L'employé, un certain Yann, m'a dit qu'il fallait amener l'ordinateur. Aller-retour donc, alors que la chaleur commençait à se faire sentir. Arrivé chez moi, la panne persistait avec le nouveau chargeur. J'ai appelé un dépanneur de Valence qui m'a dit de le rejoindre à son atelier en Ardèche. Selon lui, c'était simple et pas loin. Mais il habite un lieu isolé dans les montagnes, je me suis égaré et je l'ai appelé plusieurs fois pour qu'il m'aide à le trouver. Je suis rentré chez moi épuisé, avec l'ordinateur réparé, à plus de 14h00.

Cet après-midi, je regarde « Le Saint », « Maigret » et j'écoute des disques de Sting.

Ce soir, j'ai un excellent film au programme : « Les Sept mercenaires » avec Yul Brynner et Steve McQueen.

Je termine la soirée avec le concert « Adesso Tour » d'Emma.

17 août

J'ai rêvé d'un festival de Sanremo imaginaire, qui n'était pas clairement situé dans le temps. Gianni Morandi et Alan Sorrenti y participaient mais était plus jeunes. Peppino di Capri était hors concours. Il y avait en vedette un duo avec une chanteuse qui n'existe pas et ne ressemble à aucune de celles que j'aime. Je me suis réveillé avant la fin du rêve.

Avec la chaleur, je ne m'étais pas rendu au cimetière depuis le 19 juillet, soit presque un mois. Mes deux plantes ont grillé. Il faut dire qu'il n'a pas plu depuis des semaines. Je rachèterai des plantes à l'automne, quand la chaleur sera terminée.

J'ai regardé « Le Saint », « Mission Impossible » et « Maigret », puis écouté des CD.

Je vois ce soir un de mes films culte, « Traque sur Internet » avec Sandra Bullock.

18 août

Je me réveille en apprenant la mort d'Alain Delon.

Je regarde ce soir le film « Sursis pour un vivant » avec Lino Ventura, qui me met très mal à l'aise. Je chercherai un film plus gai pour demain soir.

19 août

J'ai rêvé de James Bond et de ma fille.

Ce matin, les températures ont chuté. Il fait 18 degrés et un vent violent souffle. On passe de la canicule à ce climat sans transition.

Je termine aujourd'hui « Le Saint » avec le 71e épisode en noir et blanc : « Le Trésor ».

Après « Maigret » et « Mission Impossible », je regarde ce soir un excellent film de science-fiction, « Le Secret de la planète des singes », avec James Franciscus, Kim Hunter et Charlton Heston (qui jouait dans le premier film « La Planète des singes »). Je remarque une excellente musique signée Leonard Rosenman. La musique du premier film était de Jerry Goldsmith.

Demain, je me rends avec Claire et Lohan à Pont-de-Barret, à la fontaine minérale, que j'ai découverte le 2 août.

Pont-de-Barret, 20 août

J'ai rêvé que je rencontrais une femme. Au réveil, je me sens angoissé et j'ai peur de l'avenir.

Nous avons rendez-vous avec ma fille et Lohan mon petit-fils cadet à la fontaine minérale. Je ne retrouve pas l'atmosphère apaisante du 2 août. Le restaurant a mis une musique trop forte.

La journée passe trop vite. A plusieurs moments, Claire et Lohan s'éloignent de moi et je me retrouve seul. Lohan veut voir un endroit en amont où la rivière, le Roubion, est plus profonde. Je les attends sur mon fauteuil de camping, tel un vieil homme résigné.

Ma fille a fait en sorte que la journée se passe bien. Vers 18h00, c'est l'heure du retour. Pont-de-Barret est situé en zone montagneuse avec des routes sinueuses.

Ce soir, je regarde « New York 1997 » de John Carpenter avec Kurt Russell et surtout Donald Pleasence. C'est un bon film, mais pas inoubliable. Je l'avais vu à sa sortie en salles.

Valence, 21 août

J'ai fait un 36e cauchemar sur mon ancienne entreprise, le dernier datant du 29 juillet. J'étais confronté à une responsable de service qui me demandait de reproduire des documents à l'identique, soit de dupliquer l'original. Je n'y parvenais pas et elle était furieuse. Perturbé, je me plaignais d'elle en m'adressant aux membres du conseil d'administration de l'entreprise.

Ce matin, en marchant, j'ai découvert un temps automnal déprimant. Un vent frais, pas de soleil, un ciel terne. Le soleil est arrivé lorsque j'étais chez moi. La température est raisonnable (24 degrés).

Je reprends la vision de la quatrième saison de la série allemande « Brigade du crime », que j'avais cessée le 16 mai 2023. L'épisode du jour s'appelle « Hors de contrôle ». Cette série remplace « Le Saint ». Il y a 24 saisons et 475 épisodes, mais seules les six premières saisons sont doublées en français.

Ensuite, je regarde « Mission Impossible » (mon épisode préféré « La Fiancée ») et « Maigret », puis écoute un CD de Frank Sinatra.

Ce soir, je vois « Le Crime de l'Orient-Express », de Sidney Lumet, d'après le roman d'Agatha Christie. J'aurais préféré Peter Ustinov à la place d'Albert Finney. Dans la distribution, je retrouve avec plaisir Sean Connery, Richard Widmark (« Morts Suspectes ») et Jacqueline Bisset. Le film est passionnant, mais la musique n'est pas à la hauteur.

Au lieu de regarder Ale ce soir, je choisis de voir un concert de Sting « Brand New Day Tour », que j'avais enregistré sur une VHS que j'ai conservée mais que je ne peux plus lire faute de magnétoscope. Heureusement, il y a d'autres façons de voir les concerts. Celui-ci succède à ma découverte de Sting et à mon album préféré, « Mercury Falling », sorti à l'automne 1996, il y a si longtemps. En janvier 2000, j'avais vu ce concert à Grenoble, en étant au troisième rang. Mais j'étais arrivé las, ayant dû faire le chemin dans une Lada qui n'aimait pas les côtes.

22 août

Il est rare que je fasse des rêves érotiques. J'en ai fait un cette nuit de Maryam d'Abo, la James Bond girl de Timothy Dalton dans « Tuer n'est pas jouer » en 1987. Je l'ai peu revue après ce rôle. Dans le songe, Maryam satisfaisait tous mes fantasmes.

Je regarde désormais deux épisodes de « Brigade du crime » par jour, puis j'enchaîne avec une autre série allemande, « Commissaire Léa Sommer » que j'ai déjà vue en octobre-novembre 2022. Je n'en ai que 15 épisodes sur les 66 existants. Avant de me rendre chez le psy, j'ai le temps de voir un « Maigret », « L'Ecluse N°1 ». L'épisode est vraiment ennuyeux à mourir.

En revenant du psy, j'écoute des CD de Frank Sinatra.

Mon régime alimentaire pour éviter le diabète me prive de tas de choses que j'aime manger. Il va falloir que je fasse quelques entorses de temps en temps, car je n'ai plus de plaisir à prendre mes repas. Je m'en suis rendu compte cet après-midi en marchant. Je suis passé devant des restaurants et des snack-bars, et les odeurs qui s'en échappaient m'ont tenté.

Ce soir, je regarde un excellent film avec Michael Douglas, « La Nuit des juges ». Tout au plus peut-on regretter la fin trop brutale qui nous laisse avec des questions, même si l'on se doute de l'issue finale de l'intrigue.

Je termine la soirée avec des clips d'Ale.

23 août

J'ai rêvé que je rencontrais Muriel Baptiste au début des années 70, quand elle était en pleine gloire.

A la recherche d'un distributeur de billets de banque, j'ai fait une longue marche en pleine chaleur. Avec de l'argent liquide, je me suis rendu chez le traiteur pour améliorer mon ordinaire et varier un peu mon régime. J'ai rendez-vous chez le coiffeur à 16h00.

Après deux épisodes de « Brigade du crime » et un de « Commissaire Léa Sommer », je regarde « Maigret ».

Puis vient le moment musical, aujourd'hui dédié à Sting.

Ce soir, je revois avec un grand plaisir « La Mort aux enchères », au rythme toutefois un peu lent. Après le film, je regarde les clips de Giorgia. Si j'aime écouter les disques de Sting, Sacha Distel, Frank Sinatra, Marcel Amont, Peppino di Capri et les musiques de films, il est important pour moi de voir Giorgia, Emma et Ale en écoutant leurs chansons.

24 août

Pour la première fois, j'ai fait deux nuits de suite le même rêve. Je me trouve dans un bureau de tabac et découvre une photo de Muriel Baptiste à la une d'un journal. Elle est alors en pleine gloire. Le rêve se situe dans le passé. Je trouve alors un deuxième journal avec une photo d'elle, et je me demande si je dois prévenir David et lui envoyer les journaux.

La journée passe trop vite à mon goût. Je n'ai pas le temps de voir d'épisode de « Maigret ». J'ai écouté deux CD de Sting, « My Songs » et « Duets ». J'ai regardé deux épisodes de « Brigade du crime » et un de « Commissaire Léa Sommer ».

J'ai le sentiment de ne pas avoir assez de temps pour tout faire.

Le film du soir est « La Grande attaque du train d'or », de Michael Crichton, le metteur en scène de « Morts suspectes ». La distribution comporte Sean Connery, malheureusement pas doublé par sa voix habituelle, Donald Sutherland et une agréable surprise, l'actrice Lesley Ann Down, que je ne connaissais pas. La musique, comme pour « Morts suspectes », est de Jerry Goldsmith. Le compositeur en était en mai 1998 à sa 235e musique avec « Un cri dans l'océan ». Il est mort en 2004 après avoir signé une 248e partition. J'en possède 117 en CD. Je n'ai pas « La Grande attaque du train d'or », mais il me semble impossible, et même pas souhaitable, de tout posséder.

Emma m'attire de plus en plus. Elle est terriblement sexy à quarante ans. Je pense même qu'elle ne l'a jamais été autant. Je regarde ses clips avec un immense plaisir.

25 août

J'ai fait un terrible cauchemar dans lequel ma fille était fâchée avec moi.

Après ma promenade, je ne vois pas le temps passer. Je regarde « Brigade du crime », « Commissaire Léa Sommer » et « Maigret », puis écoute des CD de Sting. Ma chaîne hi-fi ces temps-ci donne des signes de défaillance, le son devenant tout d'un coup plus fort puis plus faible. Elle a bien fonctionné après quelques variations de volume du son. J'espère ne pas avoir à la changer dans l'immédiat.

Ce soir, je regarde le film « Levy et Goliath » avec Richard Anconina et Michel Boujenah, mais surtout deux comédiens que j'adore Sophie Barjac et Jean-Claude Brialy. Tous deux n'ont que des rôles secondaires, mais la comédie de Gérard Oury est plaisante.

26 août

J'ai fait un 37e cauchemar sur mon ancienne entreprise. Elle avait été délocalisée en montagne, et il fallait faire des trajets en train. J'entrais en conflit avec un collègue, et la supérieure hiérarchique ne tenait pas compte de mes griefs.

A l'approche de mes soixante-cinq ans, j'essaie de profiter au maximum de mes journées, de ma bonne santé et de l'instant présent, m'efforçant d'éviter de me projeter dans l'avenir. Plus que jamais, j'ai le sentiment que tous les bonheurs sont provisoires.

J'ai ce soir la nausée. Ce genre de désagrément m'affole vite. Je regarde Jean-Claude Brialy dans un épisode de « Ferbac », « Le Carnaval des ténèbres ». J'adore ce comédien et il est rare qu'il joue le premier rôle. Malheureusement, le film est défectueux (panne de son à la fin, et mauvais son durant tout le reste).

27 août

J'ai fait un 38e cauchemar sur mon ancien emploi. Je me demande pourquoi je repense la nuit à tout cela. Cela se passait dans les années 90 et j'étais encore marié et devais composer avec le caractère de mon beau-fils. Je suis content d'avoir retrouvé ma bonne santé après l'épisode d'hier soir.

Je vais à l'épicerie acheter des éponges pour la vaisselle, ce qui donne un but à ma marche quotidienne.

J'écoute aujourd'hui des CD de Dave. Il y a dans son répertoire beaucoup de belles chansons que personne ne connaît, car elles sont sorties pendant sa traversée du désert des années 80. Puis je continue avec Sting.

Le film du soir, « Les 3 jours du Condor » avec Robert Redford, s'avère décevant. Dès le début, j'ai compris que je n'accrochais pas. C'est une intrigue d'espionnage compliquée.

28 août

J'ai fait deux rêves absurdes. Dans le premier, je rencontrais l'acteur Claude Titre (mort le 29 janvier 1985) et je devais reprendre son rôle de Bob Morane. Dans le second rêve, je devais faire du covoiturage avec une ancienne collègue de travail, Karen P, pour aller voir un concert de Jean-Luc Mélenchon. Je devais laisser mon numéro de téléphone portable, mais ne parvenais pas à l'écrire, même avec un gros stylo feutre « Pentel Pen ». Je me demande si ces rêves ne sont pas consécutifs aux films idiots que je vois comme celui d'hier avec Robert Redford.

J'essaie de me remonter le moral. Ma santé est bonne. Je continue mes marches quotidiennes. Il ne faut plus que je perde du temps avec de mauvais films.

J'écoute une musique de film signée Jerry Goldsmith, « Les Nuits avec mon ennemi ». C'est un film avec Julia Roberts que j'ai vu il y a longtemps. J'enchaîne avec Sting.

Ce soir, je regarde « Le Placard » avec Daniel Auteuil, Michèle Laroque, Gérard Depardieu et Thierry Lhermitte. C'est un film que j'apprécie de plus en plus. Il me permet de chasser ma morosité et de rire un peu.

29 août

Aujourd'hui, je vois mon psy à 15h00. Je vais lui expliquer que l'association ne propose plus aucune activité et que cela me perturbe.

A la pharmacie, j'ai été témoin d'une agression verbale d'un homme venu demander la mise à jour de sa carte vitale. Il s'est emporté car la CMU n'y figurait pas.

« Maigret aux assises » me permet de revoir Muriel Baptiste après plusieurs années, m'étant lassé de ses séries trop regardées.

Je regarde ce soir « Commissaire Moulin : Intox », avec Véronique Jannot et Jean Martin, un des meilleurs épisodes de la série. J'enchaîne avec le concert « Radio Italia Live » du 15 décembre 2023 d'Emma.

30 août

J'ai rêvé que ma mère m'aidait à retrouver soit des coupures de presse du magazine « Télé-poche » concernant la série « Sam Cade », soit les épisodes eux-mêmes. J'ai revu cette série diffusée en 1972 ces dernières années (août-septembre 2019 et septembre-octobre-novembre 2023), et j'ai été déçu.

Il fait chaud cet après-midi (34 degrés). J'ai pu marcher ce matin, deux kilomètres. J'écoute aujourd'hui Frank Sinatra.

Je regarde ce soir l'épisode de « Columbo » « Quand le vin est tiré » avec Donald Pleasence.

31 août

J'ai rêvé de ma mère. Elle m'aidait à me venger de quelqu'un.

Je ne fais rien de la journée. Je dois supporter une température de 35 degrés ! C'est l'endroit le plus chaud du pays. J'écoute deux CD de Sting et je fais quelques emplettes au supermarché. Je rédige la fiche Wikipédia d'une actrice de la série « Les Envahisseurs » : Katherine Justice.

Je regarde « La Femme infidèle » de Claude Chabrol. Je trouve ce film passionnant. J'y retrouve l'ambiance de sa série « Histoires Insolites ». En voyant ce film, je comprends pourquoi Chabrol était passionné d'Alfred Hitchcock. La musique de Pierre Jansen me fait penser à de la musique classique. Jansen est le compositeur de « Histoires Insolites ».

1ᵉʳ septembre

Même si je ne suis plus concerné, le mois de septembre est pour moi synonyme de rentrée scolaire, d'automne, de monotonie, de feuille envolée par le vent, de tristesse.

Hier, ma fille m'a parlé d'une brocante où elle s'est rendue, et m'en a conseillé une à Valence, ce matin. J'ai été déçu. Il n'y avait que des ordinateurs, des téléphones portables et des vêtements. Sans doute des marchandises volées. Seuls deux vendeurs proposaient quelques CD, dont aucun ne m'intéressait.

Je regarde cet après-midi le premier James Bond avec Roger Moore, « Vivre et laisser mourir ». J'ai trop vu ce film et n'arrive plus à l'apprécier. J'écoute ensuite des 33 tours de Sacha Distel.

Je revois ce soir « Le Dîner de cons », que je pensais avoir regardé récemment. C'était le 17 juillet 2022. Le film me fait toujours autant rire.

2 septembre

Je ne sais pourquoi je suis pris de panique ce matin. Il fait toujours un temps estival. Je continue de regarder la cinquième saison de « Brigade du crime ».

Après avoir regardé mes séries habituelles, j'écoute des CD de Sting et de Frank Sinatra. Avec Sacha Distel, ces deux « crooners » sont pour moi incontournables. J'ai un album live de Sinatra qui plaisante avec le public, et je regrette vraiment de ne pas comprendre l'anglais quand j'entends les spectateurs rire. Il s'agit d'un concert de 1957. Je suis vraiment d'une autre époque, d'un autre siècle.

J'aime aussi beaucoup Sting car je trouve que ce qu'il chante se rapproche plus de la variété que du rock.

Mon film du soir est une agréable surprise : « L'Ultime razzia » de Stanley Kubrick. Il n'y a pas d'acteurs connus, mais le narrateur a la voix de Jean-Claude Michel, c'est-à-dire la voix française de Sean Connery. Prometteur, le film souffre d'une fin bâclée.

Je regarde ensuite des clips d'Emma.

3 septembre

Je passe beaucoup de temps sur Wikipédia. Je remplis la fiche de l'actrice Lee Remick, dont le contenu est très incomplet.

Ces jours-ci, j'ai complété les fiches de plusieurs actrices : Stefanie Powers, Lynda Day George, entre autres.

L'épisode de « Maigret » « Pietr le letton » est bien ennuyeux.

J'écoute le live 1957 de Frank Sinatra, puis le CD de Sting « Songs from the labyrinth » de 2006 qui m'avait dérouté et détourné du chanteur. J'ai été sévère à l'époque. Sting y reprend de la musique du 16e siècle, s'éloignant de la pop. Pour moi désormais, ce disque ne sera plus banni.

Je me sens morose, triste, sans enthousiasme. Je regarde ce soir « Le Corps de mon ennemi » avec Jean-Paul Belmondo. Je pense à Marie-France Pisier au destin si tragique. J'aime la musique de Francis Lai, mais ce qui me gêne dans ce film, c'est la progression de l'intrigue en flashback qui rend l'histoire complexe. Cependant, le film est bien mieux que dans mon souvenir. Je l'apprécie beaucoup.

4 septembre

Les températures ont chuté et la pluie est annoncée. Il faut absolument que je retrouve le moral. Je me réveille complètement abattu. Je connais bien cet état, c'est la dépression.

En raison de la chaleur, je ne m'étais pas rendu au cimetière depuis le 17 août. J'ai acheté une plante appelée « Aster » et un pot de bruyère au magasin « Botanic », où le service se dégrade. Il n'y a plus d'employé pour renseigner dans les allées du magasin.

Je vois un très bon épisode de « Maigret », « Maigret en meublé ». Puis j'écoute des CD de Sting et de Frank Sinatra.

Le film policier du soir, « Noyade interdite », avec Philippe Noiret et Guy Marchand, me déçoit. Ce genre de films m'a fait m'éloigner du cinéma français au bénéfice du cinéma américain pendant des années. Il y a des temps morts, et l'intrigue n'est pas palpitante.

5 septembre

J'ai fait un 39e cauchemar sur mon ancienne entreprise, dans lequel j'étais proche de la retraite et me cachais stupidement pour ne pas être trouvé. Je ne voulais plus travailler. Dans ce rêve, il y avait une femme à mes côtés, dont j'ai réalisé en me réveillant que c'était Emma. J'ai mis un moment à l'identifier, pensant d'abord à Muriel Baptiste puis à Gigliola Cinquetti, mais c'était bien Emma. Mon dernier cauchemar sur mon lieu de travail datait du 27 août.

Michel Barnier, ancien ministre de l'agriculture, est nommé premier ministre par Macron. Dans mon entreprise, quand j'étais en activité, j'ai dû travailler suivant les directives de la loi Barnier. C'était en 1995.

Le psy ne me trouve pas bien et souhaite que je reprenne l'antidépresseur.

En revenant du psy, je me trouve à un passage-piétons et un automobiliste qui arrivait vite ralentit. Une fois passé, il m'apostrophe en me reprochant de ne pas lui avoir dit merci…de respecter le code de la route !

Ce soir, je regarde le film « La Nuit des généraux », avec Donald Pleasence, Charles Gray, Peter O'Toole, Omar Sharif et Philippe Noiret. C'est un excellent film, mais bien trop long (pourquoi avoir mis une durée de 2h25 ?).

6 septembre

J'ai encore fait un cauchemar et me réveille perturbé.

David m'a longuement téléphoné cet après-midi. C'est la veille de l'anniversaire de la mort de Muriel, il y a vingt-neuf ans. Elle aurait 81 ans. Il a retrouvé une photo d'elle qu'il cherchait depuis longtemps. J'ai pu au début lui parler de mon mal être, mais ensuite il a essentiellement parlé de Muriel.

Ce soir, je regarde « La Totale » de Claude Zidi avec Thierry Lhermitte. J'avais vu à sa sortie le remake américain « True lies ». C'est la même histoire.

Une profonde tristesse s'est emparée de moi, un désarroi. Ma fille me manque et je la sens moins présente qu'au décès de ma mère.

7 septembre

Le forum des associations a lieu aujourd'hui au parc des expositions. Je m'y rends. J'ai été fouillé à l'entrée dans le cadre du plan Vigipirate.

L'association AVF (accueil des villes françaises) ne prenait pas les inscriptions sur place. Il faudra que je me rende mardi à 14h00 à leur local pour le faire. En sortant du parc des expositions, j'ai emprunté une sortie interdite sans le faire exprès. Il s'agit d'un portillon. Un vigile est venu me rappeler à l'ordre. Je ne suis pourtant pas dangereux.

J'ai bien marché aujourd'hui : 4.66 kilomètres. J'ai ramené des médicaments périmés à la pharmacie. L'employée, une jeune femme, m'a fait une remarque ironique, trouvant qu'il y avait beaucoup de boîtes, et me demandant si les médicaments en question (des antidépresseurs) étaient pour moi.

La météo a annoncé que la Drôme et l'Ardèche sont en alerte orange pour les orages. Il fait chaud (31 degrés) et un vent assez violent.

Je regarde ce soir l'épisode de « Columbo », « Rançon pour un homme mort » en DVD. Il s'agit du second doublage français. Lors de sa sortie en DVD en 2003, le téléfilm a fait l'objet d'un nouveau doublage car la première version française était incomplète. Serge Sauvion (74 ans en 2003) prête une nouvelle fois sa voix à Peter Falk (à l'époque âgé de 43 ans) en dépit d'un fort vieillissement de son timbre. Le problème de ce second doublage est que Serge Sauvion y a une voix de grand-père !

8 septembre

Il pleut abondamment aujourd'hui. Cela va faire du bien après cet été étouffant.

Je retrouve ma joie de vivre. Cet après-midi, je regarde « Maigret et la jeune morte » avec Christine Laurent. C'est une histoire triste et poignante. La tonalité du téléfilm n'altère pas ma bonne humeur. J'écoute ensuite des CD de Sting.

Je suis heureux car le mercredi 18 septembre, ma fille m'a invité pour mon anniversaire.

Ce soir, je regarde « Jo » avec Louis de Funès et Bernard Blier, un classique du film comique. Je ne l'ai pas vu depuis un certain temps. Je ris beaucoup.

Je termine la soirée avec des clips d'Ale (le surnom d'Alessandra Amoroso donné par des fans).

9 septembre

J'ai fait un 40e cauchemar sur mon ancienne entreprise. Au niveau des agents de direction, il y avait un homme qui faisait partie d'un groupe révolutionnaire marxiste. Je prenais contact avec lui et lui donnais des informations. Soudain, dans le rêve, je réalisais que j'étais à la retraite et fâché avec le syndicat.

David m'a appelé cet après-midi.

Je regarde ce soir « Les Ripoux » avec Philippe Noiret et Thierry Lhermitte. Je trouve le film excellent.

10 septembre

J'ai rêvé de Muriel, sans doute à cause du coup de téléphone de David. Dans mon rêve figuraient aussi ma mère et ma grand-mère. Le souvenir du songe est vague, mais il me semble que cela évoquait la dispute du samedi 9 février 1974 lorsque ma mère et ma grand-mère refusaient que je regarde « La Double vie de Mademoiselle de La Faille » avec Muriel.

Comme mes lunettes me blessent, je me suis rendu chez l'opticien pour qu'il les règle, puis à la pharmacie. On m'a donné une pommade.

J'ai failli être en retard pour l'inscription à l'association AVF. J'ai réglé ma cotisation et rempli la fiche d'adhésion. Il y a un cours d'italien chaque mardi à 16h40 et des jeux de société le samedi à 15h00, essentiellement la belote à laquelle je jouais avec mes ex-beaux-parents. Je me suis inscrit aux deux activités.

Je commence le cours d'italien aujourd'hui et l'ambiance est bonne.

Je suis affolé ce soir, car je ne supporte plus mes lunettes qui me blessent toujours et de plus en plus malgré l'opticien et la pommade.

Ce soir, je regarde « L'Amour en douce » d'Edouard Molinaro avec Daniel Auteuil, Emmanuelle Béart et surtout Sophie Barjac. Je trouve le film décevant. Ce sont des marivaudages. Le seul intérêt du film pour moi est la présence de Sophie Barjac.

11 septembre

J'ai fait un 41e cauchemar très effrayant sur mon ancienne entreprise. J'ignore pourquoi mais je me réveille angoissé et patraque. Je ne comprends pas la raison, à moins que ce soit lié à mes lunettes qui me blessent. Ce matin, toute trace de blessure a disparu. Mais dès que je remets mes lunettes, cela recommence. Je mets une compresse sur le nez le temps que cela cicatrise.

Il fait froid ce matin.

Je suis retourné chez l'opticien cet après-midi, une employée a mis des coussinets sur les supports en contact avec mon nez.

Ce soir, je regarde le pilote de « Commandant Nerval » avec Francis Huster, série de 1996. C'est un peu violent, mais j'apprécie beaucoup.

12 septembre

J'ai fait un 42e cauchemar sur mon ancienne entreprise. Cela devient pénible. Avec Lionel D., qui fut mon collègue à la fin des années 90, je devais calculer manuellement des majorations de retard. Je n'ai plus de contact avec personne, et je n'y pense pas durant la journée. J'ai bien mérité ma retraite. Pourquoi cette obsession ?

Le dernier contact que j'ai eu était en mai dernier avec Yves. Il avait été désagréable. Il est temps que plus de quatre ans après mon départ, je tourne la page.

Sur mon agenda 2015, j'ai retrouvé le numéro d'un ancien collègue, Jean-Pierre. Il habite désormais en Ardèche à Saint-Julien Labrousse, sur la commune de Belsentes. Nous avons parlé pendant plus d'une heure. C'était un échange chaleureux.

J'aime beaucoup le film du soir, « L'Année prochaine si tout va bien » avec Isabelle Adjani et Thierry Lhermitte. C'est romantique et très émouvant. Je passe une bonne soirée.

13 septembre

Il fait froid ce matin. Pour l'instant, à cette période, c'est la plus basse température depuis 1998.

Je me suis rendu au cimetière. Je me demande s'il faut reprendre un antidépresseur. Quand je me réveille, je n'ai aucune envie de me lever.

Après un épisode en deux parties de « Brigade du crime », David me téléphone.

Le deuxième épisode de « Commandant Nerval », tout en étant passionnant, est un peu en retrait par rapport au pilote. Il est à regretter que Cristina Réali quitte la série après seulement deux épisodes.

Je regarde ensuite des clips de Giorgia.

14 septembre

Eprouvant de l'angoisse au réveil, j'ai pris un antidépresseur à midi. Le psy m'a prescrit une dose moins importante que par le passé. Au moindre signe de nausée, j'arrête la prise du médicament. Cela doit faire effet au bout de quinze jours.

Hier soir, la chaudière s'est déclenchée alors que le thermostat était sur 19 degrés.

Je regarde aujourd'hui le dernier épisode doublé en français de la série « Brigade du crime ».

Je me suis rendu à l'association AVF (Accueil des villes françaises) pour la première après-midi jeux. C'est réservé à la belote et il n'y avait pas le nombre de joueurs pour faire deux parties. Six femmes dont quatre voulaient jouer ensemble. Une femme membre du groupe, M, a joué avec moi au Triominos. S'il y a déjà un groupe constitué pour la belote, cela va être compliqué pour que je puisse m'inclure. Aujourd'hui, sans M, je serai resté sur la touche. Or, la présence de M était exceptionnelle, elle m'a dit qu'elle venait rarement.

Ce soir, je regarde la chaîne Rai Uno pour voir Emma dans le spectacle « Tim Music Awards » en direct des arènes de Vérone. Elle chante « Femme fatale », descend dans le public pour « Apnea », et reçoit un prix pour « Apnea » et pour l'album « Souvenir ».

Alessandra Amoroso ne chante pas, mais reçoit un chèque pour une fondation pour les femmes battues. Umberto Tozzi n'a plus de voix, et à 72 ans il ferait mieux de se retirer.

Finalement, Alessandra vient chanter avec Big Mama, alors qu'elles n'étaient pas annoncées dans le programme.

Ricchi e Poveri m'enchantent avec « Ma non tutta la vità ». Je les trouve plus en forme qu'Umberto Tozzi.

15 septembre

J'ai le plus grand mal à me lever ce matin. J'entends le mistral qui souffle. Je n'ai envie de rien.

Yves, ancien collègue de travail dont je pensais ne jamais plus avoir de nouvelles, m'a téléphoné et invité au restaurant Buffalo Grill mardi soir à 19h00.

Ce soir, je regarde sur TF1 le film « Bullet Train », le dernier tourné par Sandra Bullock à ce jour. Le film dure 2h06 mais Sandra n'arrive que dix minutes avant la fin. C'est un mélange de comédie et de film de gangsters pas réussi. Sandra Bullock a remplacé au dernier moment Lady Gaga dans un rôle dispensable pour sa carrière.

J'apprends que ma fille et mes petits-fils sont malades après avoir pris froid.

16 septembre

J'ai très mal dormi, réveillé à 3 heures, puis rendormi jusqu'à 6 heures. Je suis fatigué et transi de froid ce matin. Le vent devient insupportable.

A partir d'aujourd'hui, je revois la série « Division criminelle ».

Ce soir, je regarde le quatrième et dernier épisode de « Commandant Nerval », « Frères ennemis ». Cette série est un joyau. Je vais revoir « Les Enquêtes de Christine Cromwell » avec Jaclyn Smith, autre série de quatre épisodes que je trouve géniale.

Beaucoup de courtes séries comme « Mary Lester », « Commandant Nerval », « Les Enquêtes de Christine Cromwell » sont vites oubliées. Je me souviens d'une autre série, « Enquête privée » (Bodies of evidence), avec

Lee Horsley et George Clooney, datant de 1992-1993 aux USA mais diffusée sur France 3 en 1998. Elle est hélas ! introuvable. J'en garde un excellent souvenir. Il n'existe aucun DVD et c'est bien dommage. On ne peut pas davantage la visionner en streaming sur Internet.

17 septembre

Je me suis réveillé angoissé à 6h40. Je rêvais que je rencontrais Frédéric François auquel je disais ne pas aimer ses disques. Il me faisait un chèque de 15 euros et des centimes pour me rembourser le prix d'un CD.

Je me lève à 8h30. J'ai beaucoup de souhaits d'anniversaire sur Facebook.

J'ai fait ma marche de 2 kilomètres, il n'y avait pas trop de vent, mais je reviens fatigué.

David me téléphone à 15h00 au sujet d'une photo de Muriel qu'il m'a envoyée.

Après le cours d'italien, j'ai mangé avec Yves, mais le repas a été assez court, comme ce fut le cas les deux fois où nous avions dîné ensemble au Buffalo Grill il y a quelques années. Yves ne m'a pas appris grand-chose. Il n'est pas bavard.

Rochemaure, 18 septembre

J'ai fait un 43e cauchemar sur mon ancienne entreprise, dont j'ai tout oublié au réveil. Endormi vers 1h10, je me suis réveillé à 5h49 et suis très fatigué.

Arrivé à 11h45, nous sommes allés au restaurant. La visite prévue du château de Grignan (celui de Madame de Sévigné) a été annulée au profit d'une visite des rues de Meysse. Il y avait une exposition à l'église, mais elle était fermée, alors que l'on avait dit le contraire à ma fille. Je me suis consolé avec une brocante où j'ai trouvé un deuxième exemplaire du rarissime CD de Bécaud « France Loisirs 16 grands succès », que ma mère était allée m'acheter, sur le chemin de Cavalaire, au magasin France Loisirs d'Avignon ou de Salon de Provence. A peine sorti, ce CD fut épuisé et il en restait un exemplaire dans cette ville. J'ai également acheté un CD de Sardou, « Du plaisir », un des derniers de sa carrière, que je ne connaissais pas. A l'aide d'un aspirateur, Lohan et Claire ont nettoyé de fond en comble l'intérieur de ma voiture, qui semble sortir du garage Renault où je l'ai achetée en novembre 2019 ! Lorsque j'ai soufflé les bougies, on m'a offert deux cadeaux : d'une part deux CD assez rares de Lara Fabian et d'Henri Salvador, d'autre part une station météo.

J'ai passé une bonne journée, si ce n'est un léger malentendu en fin de soirée, au repas, que je ne souhaite pas évoquer dans ce *journal*.

Cindy, ma correspondante texane, m'a offert une carte cadeau Amazon USA, dont je me suis servi pour acheter le CD de la musique « La Planète des singes » de 1968, par mon compositeur préféré Jerry Goldsmith. Je ne compte pas le CD de Bécaud, que j'avais déjà. Claire m'a conseillé de l'acheter pour le revendre, car il est très rare. J'ai également acheté un roman de Daphné du Maurier, « L'Auberge de la Jamaïque », dont j'ai vu deux adaptations à l'écran. Il y a le vieux film d'Hitchcock de 1939 avec Charles Laughton, et le téléfilm de 1983 avec Jane Seymour et Patrick Mc Goohan, que j'ai préféré. Lorsque le CD « La Planète des singes » arrivera, ma collection totalisera 2461 CD.

Lorsque j'étais seul avec ma fille, je lui ai demandé ce qu'elle ferait de mes deux mille et quelques CD à ma mort. Elle m'a demandé de lui dire ce que je voudrais qu'elle en fasse, sachant qu'elle ne pourra pas stocker une telle quantité.

Valence, 19 septembre

J'ai fait un cauchemar dans lequel une ancienne collègue de travail, Sylvie T., faisait ses lamentations habituelles, mais le songe ne faisait pas référence à mon ancienne activité.

Ce matin, je me suis rendu au parc Jouvet, faisant 4.29 kilomètres.

Je suis tracassé par un évènement qui s'est produit avant-hier, après le repas avec Yves. L'avenir me dira si je me fais du souci à juste titre ou non. Il s'agit d'une infraction au code de la route.

Ma journée s'est déroulée dans la morosité et la tristesse.

Ce soir, je regarde le premier épisode des « Enquêtes de Christine Cromwell » avec Jacklyn Smith, « Bien mal acquis ne profite jamais ». C'est une trop courte série de seulement quatre épisodes.

.

20 septembre

J'ai fait un cauchemar dans lequel je voulais acheter un agenda 2025 au syndicat CGT, qui refusait. Dans le passé, j'achetais mon agenda chaque année, avant de leur préférer la marque Quo Vadis, et ce bien avant mon départ du syndicat en 2018.

Emma a sorti cette nuit son nouveau single, « Hangover », en duo avec le rappeur Baby Gang.

Pendant que je faisais ma marche quotidienne, une protection de palette de mes lunettes est tombée. Je me suis rendu chez l'opticien Atol où une jeune employée, assez désagréable, me l'a remplacée. Je ne suis pas mieux loti avec Atol qu'avec le précédent opticien Optical Center, que j'ai quitté en 2023.

David m'a appelé cet après-midi et réconforté. Je n'avais pas le moral.

Je regarde le deuxième épisode de « Christine Cromwell », « Les amies d'enfance ». J'adore cette série. Puis je mets TF1 pour voir la fin de l'émission « Qui veut gagner des millions ? », présentée par Arthur, pour les 25 ans de la création du jeu en France.

21 septembre

J'ai la nausée ce matin. Je me prépare pour le pique-nique de l'association des solos.

A l'association, j'ai fait une partie de belotes avec trois femmes, et une quatrième m'a aidé à jouer. Ensuite, j'ai discuté avec un homme qui aime David Bowie, Serge Reggiani, France Gall et Slimane. Je pense qu'il me faudra du temps pour me faire réellement accepter au sein de ce groupe. J'ignore si j'aurai la patience de persévérer.

Je regarde le troisième épisode des « Enquêtes de Christine Cromwell », « A bout portant », qui est en réalité le pilote, c'est-à-dire celui diffusé en premier à la télévision. C'est l'épisode le plus passionnant que je vois.

22 septembre

Je me lève à neuf heures, totalement déprimé.

Une fois de plus, la météo s'est trompée. Elle annonçait une journée de pluie, et le soleil brille.

Cet après-midi, je regarde le film « L.A. Confidential » avec Kevin Spacey et Kim Basinger. C'est un film que je trouve profondément ennuyeux. Le seul intérêt pour moi est la musique de Jerry Goldsmith.

Je regarde une conférence donnée début 2004 par Pascal Sevran sur ses livres. Puis j'écoute le CD d'Henri Salvador offert par ma fille.

Je regarde ce soir le dernier épisode des « Enquêtes de Christine Cromwell », « In Vino veritas ». Je trouve dommage que la série s'arrête si vite.

23 septembre

J'ai mal dormi, devant laisser à 8h00 ma voiture au garage Renault pour la révision annuelle.

Le temps a changé et il fait chaud.

Ce soir, je regarde un très bon épisode de « Columbo », « Le Meurtre aux deux visages » avec Faye Dunaway.

24 septembre

Je n'ai pas pu me lever avant dix heures. Je suis en pleine déprime.

Je pensais me distraire au cours d'italien, mais il a commencé à 16h30 au lieu de 16h40, ce qui m'a mis de mauvaise humeur.

Je commence ce soir la vision de la série « Madigan » avec Richard Widmark, « Enquête à Manhattan ». Il s'agit d'enregistrements faits sur la chaîne 13e rue. Je ne trouve pas l'image très bonne et me commande le coffret DVD édité par Elephant Films en 2014, afin de voir les suivants. Pour moi, c'est une série culte.

Ensuite, je m'amuse avec le DVD interactif du jeu « Qui veut gagner des millions ? », avec lequel je jouais avec ma mère. Jean-Pierre Foucault y est bien plus jeune qu'aujourd'hui. Je possède les quatre éditions du jeu. Ce faisant, je suis touché en plein cœur par la nostalgie. Ma mère n'est plus là pour jouer.

25 septembre

J'ai rêvé que tout en étant à retraite, je cherchais du travail. Je rencontrais Sacha Distel qui refusait de m'aider. Je me lève à neuf heures, toujours déprimé.

J'ai rappelé l'opticien Atol car l'une des palettes est tombée, j'ai un rendez-vous avec la directrice vendredi à 15h00.

J'ai quatre DVD du jeu « Qui veut gagner des millions ? » mais l'un est défaillant. Je reprends celui d'hier, et triche un peu en regardant les réponses sur Internet. Puis je regarde « L'amie de madame Maigret », avec Jean Richard.

Ce soir, je regarde un de mes épisodes préférés de « Columbo », « Meurtre parfait », avec l'actrice Trish Van Devere que je n'ai jamais vue dans un autre rôle.

26 septembre

J'ai rêvé d'Emma cette nuit. Je me lève à dix heures.

En me rendant chez le psy à 15h00, en voiture, j'ai subi un véritable déluge. Le sol n'absorbait plus la pluie. Il y avait du parking au cabinet du psy une marche à faire, et mes chaussures et mon jean ont été mouillés. Je suis choqué que le psy me propose d'aller dans une clinique psychiatrique à Carpentras.

Je regarde ce soir un épisode de « Columbo », « Jeu de mots ». Puis je joue avec un DVD « Qui veut gagner des millions ? ».

27 septembre

Je me suis rendu chez Atol où la directrice m'a dit que l'on ne me changerait pas mes montures, mais que l'on mettrait de la colle forte pour que les palettes tiennent. Son employé a aussi redressé les branches.

Alors que le soleil brillait, je me suis rendu au cimetière mais ai dû abréger ma visite, la pluie se mettant à tomber.

Je regarde ce soir « Qui veut gagner des millions ? » présenté par Arthur.

28 septembre

J'ai rêvé cette nuit de Mireille D., une ancienne collègue de travail.

Je me lève de plus en plus tard.

L'après-midi à la belote s'est très bien passé, avec quatre dames charmantes de l'association AVF. Nous avons fait deux parties.

Ce soir, je regarde les deux premiers épisodes de « Madigan » avec Richard Widmark, « Enquête à Manhattan » et « Enquête à Harlem ».

29 septembre

Je me lève à dix heures. Mon moral semble meilleur, mais je suis fatigué. Je me suis rendormi après m'être réveillé tôt.

J'ai voulu absolument trouver un magasin d'alimentation ouvert ce dimanche après-midi et y suis parvenu. Il me manquait du fromage, du vin et du beurre. La météo avait annoncé de la pluie, alors qu'il a fait une journée digne de l'été indien.

Ce soir, le troisième épisode de « Madigan », « Enquête à Londres », est un délice. Je joue ensuite avec le DVD « Qui veut gagner des millions ? ».

30 septembre

Je suis obligé de me lever plus tôt pour aller chercher mon drive. Cet après-midi, j'ai rendez-vous avec la podologue à 14h30. J'aimerais rester tranquille chez moi.

Je regarde « Maigret et le tueur ».

Ce soir, le quatrième épisode de « Madigan », « Enquête à Lisbonne », est le meilleur que j'ai vu depuis le début.

Puis je joue à « Qui veut gagner des millions ? ».

1er octobre

Je me lève à dix heures. Il fait un ciel gris aujourd'hui. J'ai mal au ventre. Je traîne mon mal être. Il fait froid quand je marche, il y a du vent. J'ai le sentiment de me battre contre les montagnes.

Le cours d'italien me réconforte. L'ambiance y est chaleureuse.

Je regarde ce soir le cinquième épisode de « Madigan », « Enquête à Naples », qui me permet de retrouver Agostina Belli et Raf Vallone. Mais depuis le début de la série, c'est celui qui m'a le moins plu. Puis j'enchaîne avec le DVD « Qui veut gagner des millions ? ». Je n'ai pas de chance ce soir. Je trébuche sur beaucoup de questions sur le sport.

2 octobre

Je n'arrive plus à me lever le matin. En allumant mon ordinateur, j'ai eu un message d'ENGIE. Mes mensualités électricité et gaz augmentent de 50 euros par mois. J'ai répondu à un message de ma fille et lui en ai parlé, mais elle n'y connaît rien. J'ai contacté un conseiller EDF qui m'a fait une estimation. Je pensais que ce serait moins cher, mais EDF après examen de mon dossier me reviendrait à 10 euros plus cher qu'ENGIE.

La journée se déroule de façon morose. Seul moment d'éclaircie : pendant ma promenade, Claire m'envoie un message depuis « La Ressourcerie » à Montélimar avec deux photos de CD me demandant si je les ai déjà. J'ai accepté un CD rare d'Henri Salvador, « Ailleurs », mais lui ai dit non pour l'autre, un disque d'Eric Clapton que je possède.

Ce soir, je regarde le dernier épisode de « Madigan », « Enquête à Park Avenue ».

3 octobre

Je me lève à 8h30, ce qui est bon signe. Ma dépression semble prendre fin.

Le 19 septembre, je mentionnais une infraction au code de la route faite le 17 septembre vers 21h00 après le repas avec Yves. Je n'ai aucune nouvelle de cet incident, et il semble qu'il n'y aura pas de suite. Je m'étais trompé de voie en rentrant à Valence et avais fait un demi-tour interdit, réalisant ensuite qu'à cet endroit, il y a une caméra de surveillance.

A partir d'aujourd'hui, je regarde « Les Envahisseurs » en remplacement de « Brigade du crime ».

Le froid me préoccupe beaucoup. Ce n'est que le début de l'automne. Marcher dans le froid ne me sied guère. Aujourd'hui, il fait 16 degrés et le mistral souffle.

A mon retour du psy, j'ai eu peur. En marchant, je sentais une douleur anale, comme hier, et j'ai constaté que l'irritation avait saigné.

Quand on se préoccupe tant de sa santé, on n'est pas dépressif.

Ce soir, je revois l'épisode de « Madigan », « Enquête à Harlem ». Je trouve cette série géniale. Il n'y a que six épisodes mais elle devient une de mes séries-cultes comme « University Hospital », qui en compte neuf.

Ce soir à minuit, Emma présente ses nouvelles chansons.

4 octobre

Il fait un vent sinistre ce matin, un violent mistral, et onze degrés dehors. Claire m'a annoncé par un message la mort de Michel Blanc. Nous évoquons mon problème de santé et elle me conseille de ne pas marcher aujourd'hui. Je dois sortir faire des courses. J'ai mis de la pommade Cicalfate hier.

David m'a appelé toute l'après-midi. Je lui ai parlé de mes soucis de santé et de ma dépression.

Ce soir, je regarde « Une atroce petite musique », téléfilm de 1973 avec Alice Sapritch, Gabriel Cattand, Jacques Berthier, Nicole Maurey, puis les nouvelles chansons d'Emma sous forme d'ébauches de clips. Je fais la traduction des chansons, ce qui me fait me coucher à trois heures du matin.

5 octobre

Je me lève à presque dix heures, toujours inquiet par mon problème de santé. Il fait froid, la chaudière se déclenche alors que le thermostat est réglé sur 19. Il y a du soleil dehors. Ma dépression semble terminée puisque je me soucie autant de ma santé.

Il m'est de plus en plus pénible de devoir marcher chaque jour pour éviter le diabète. Je m'ennuie durant cette demi-heure de promenade forcée et solitaire. Au lieu de 2 kilomètres, j'ai marché 1.67 km ce matin.

La météo prévoit du mauvais temps dans les jours à venir, ce qui me donnera une bonne raison de ne pas faire cette marche que je fais depuis mes résultats d'analyse de mars.

J'ai bien fait de m'inscrire à l'association AVF (Belote, Cours d'italien) car une fois la cotisation annuelle payée, les activités sont gratuites. En dehors des pique-niques l'été, l'association des solos fait payer les locations de salles et le traiteur à chaque fois. Ce n'est plus l'auberge espagnole accessible à tous.

J'ai pu jouer à la belote, mais l'ambiance n'était pas aussi bonne que samedi dernier et je suis revenu déçu.

Revoir « Madigan : Enquête à Londres » me rappelle ma grand-mère. Ma mère n'a pas vu cette série, car elle était secrétaire des « Dauphins Montiliens », mon club de natation, dont elle faisait la comptabilité le soir. Avec ma grand-mère, nous avons donc vu seuls « Madigan », « Banacek », la deuxième diffusion de « La Demoiselle d'Avignon » et « Le Soleil se lève à l'est » avec François Dunoyer l'année scolaire 1973-74. Pour la même raison, l'année précédente, elle avait raté « Les Rois maudits » avec Muriel Baptiste. J'ai donc une affection toute particulière pour « Madigan » (que ma mère n'a jamais vu, et ma grand-mère jamais revu).

Je me souviens que lorsque, avec ma grand-mère, nous avons revu l'acteur Richard Widmark, elle l'appelait « Madigan ».

Je vis dans le passé. Le présent ne m'intéresse pas.

« Centomila » sur le dernier album d'Emma devient l'une de mes chansons préférées. Cet album côtoie le pire et le meilleur : zéro pointé à son duo avec le rappeur (repris de justice !) Baby Gang, mais « Centomila » et « Vita lenta » me prouvent qu'Emma a encore su trouver de bonnes chansons.

Entre « Taxi sulla luna » et « Hangover », des duos avec des rappeurs, Emma commençait à m'inquiéter. Je suis rassuré par « Centomila » ce soir.

6 octobre

Je n'arrive pas à me lever ce matin.

Cet après-midi, je regarde « Monsieur Emilien est mort » avec Jean-Roger Caussimon et Mireille Audibert, un téléfilm de 1973.

Ensuite, en écoutant des CD de Kool and the Gang et de Jerry Goldsmith, j'ai complété la fiche Wikipédia de Mireille Audibert.

Je regarde ce soir « Enquête à Lisbonne », le 4e épisode de « Madigan ». Je verrai demain le 6e « Enquête à Park Avenue ». Les séries courtes n'ont pas le temps de décliner. Je citais « University Hospital », mais il y a aussi « Mary Lester », « L'homme d'Amsterdam » avec Pierre Vaneck, « L'homme qui revient de loin », « Les Jeudis de madame Giulia », « Les Enquêtes de Christine Cromwell », « Commandant Nerval », « Renseignements généraux », « Histoires insolites ». Pour moi, ce sont des trésors télévisuels. Qualité vaut mieux que quantité. Le contre-exemple parfait est « L'Homme de fer », qui s'affadit au fil des saisons et du trop grand nombre d'épisodes.

Je termine le dimanche avec le DVD « Qui veut gagner des millions ? ».

7 octobre

Je regarde « L'Expérience », l'un des épisodes les plus effrayants des « Envahisseurs ».

Ce n'est peut-être pas le genre de programme à regarder en ce moment vu mon état d'esprit. Je sors de la déprime, mais suis préoccupé par mon problème de santé. Je ressens au fond de moi une insécurité totale, la peur du lendemain, la solitude.

David m'a appelé à 14h00, et j'ai interrompu la conversation à l'arrivée de mon aide-ménagère à 16h00.

Je regarde ce soir le dernier épisode de « Madigan », « Enquête à Park Avenue », puis joue à « Qui veut gagner des millions ? ». Ce soir, je n'arrête pas de perdre.

8 octobre

Il fait un vrai déluge chez moi. Je suis inquiet pour ma fille car dans son village, il y a des endroits inondés.

Devant mon garage et dans toute l'allée, les grilles d'évacuation des eaux sont bouchées, c'est une vraie piscine. Je l'ai signalé au syndic qui va intervenir.

Le cours d'italien a été prolongé par une partie de loto organisée par la professeur.

Ce soir, je regarde une comédie, « Elles ne pensent qu'à ça », avec Claudia Cardinale et Carole Laure. Bien au début, le film s'éternise ensuite. J'ai ensuite joué à « Qui veut gagner des millions ? » et regardé des vidéos du comique Raphaël Mezrahi.

9 octobre

J'ai rêvé qu'il y avait des élections et que trois partis gagnaient. Le pays était séparé en trois et Marseille devenait la capitale de l'endroit où j'étais. C'était un rêve confus, dont j'ai oublié la majeure partie. Je me réveille à plus de dix heures, je devais avoir besoin de sommeil.

J'ai fait deux marches aujourd'hui, après plusieurs jours d'inactivité. J'ai fait ma balade en me levant, et en début d'après-midi j'ai fait une course à Carrefour, ce qui totalise 3.26 kilomètres. Habituellement, je marche 2 kilomètres. Lors de la deuxième marche, j'a pris mon raccourci habituel en franchissant le canal où se trouve deux palettes. Mais avec la montée des eaux due à la pluie, j'ai perdu l'équilibre et me suis mouillé le pied gauche. Au retour, j'ai emprunté la route.

J'ai reçu le nouveau CD d'Emma, « Souvenir Extended Edition ».

Ce soir, je regarde « Celles qu'on n'a pas eues », film de Pascal Thomas. Je trouve ce film très désopilant. Pourtant, habituellement, je n'aime guère Bernard Menez.

Puis je joue à « Qui veut gagner des millions ? ».

10 octobre

Je me suis réveillé à 3h39 et me suis rendormi jusqu'à six heures. Je suis très fatigué. J'ai fait ma marche ce matin, et j'irai chez le psy en voiture.

Ce soir, je regarde l'épisode de « Columbo », « Subconscient », avec Robert Culp.

11 octobre

C'est la secrétaire de mon psy qui m'a réveillé en téléphonant à 9h30 pour me donner mon rendez-vous de jeudi prochain. Je rêvais d'une rencontre avec plusieurs personnes dont d'anciens collègues de travail (Mireille D, René T.), mais j'ai oublié les détails.

Dans un mois, je serai au concert d'Emma.

Je me suis rendu à la pharmacie pour acheter du talc et de l'argile blanche, sur les conseils de ma fille, puis je suis allé au cimetière. Ma dernière visite datait du 27 septembre.

David m'appelle comme chaque vendredi après-midi. Il est 15h30, il doit me quitter à 17h00.

Mes lunettes me font de plus en plus mal depuis hier, je vais devoir rappeler Atol.

Je regarde ce soir « Le Cauchemar aux yeux verts », téléfilm produit par Quinn Martin en 1980, tentative de faire revivre la série « Les Envahisseurs », mais qui n'a pas dépassé l'épisode pilote.

Puis je joue à « Qui veut gagner des millions ? ».

12 octobre

J'ai fait un 44e cauchemar sur mon ancienne entreprise. Dans le songe, il y avait le chanteur François Valéry. Au réveil à six heures, j'avais oublié des détails. J'ai pu me rendormir.

J'ai un nouveau rendez-vous lundi à 15h00 avec Isabelle, la directrice du magasin Atol pour les lunettes qui me blessent.

La marche quotidienne de 2 kilomètres est une véritable corvée.

J'ai passé une agréable après-midi à la belote. Une rabat-joie a voulu mettre un terme au jeu à 17h00, puisque c'est l'heure de fin, mais elle est partie seule et nous avons continué à jouer de plus belle jusqu'à 18h00.

Je suis bien accepté dans le groupe, avec un bémol pour la personne partie à 17h00, M., qui participe aussi au cours d'italien le mardi, et dont j'ai vite compris qu'elle n'était pas aimable.

Ce soir, je regarde un épisode de « Columbo », « Fantasmes », puis joue à « Qui veut gagner des millions ? ».

13 octobre

J'ai fait un 45ᵉ cauchemar sur mon ancienne entreprise, et c'est le plus traumatisant depuis que je l'ai quittée en août 2020. J'ai rêvé de Laetitia, avec laquelle j'ai travaillé à partir de 2005 et durant je crois une dizaine d'années. Un jour, elle a eu une promotion et changé de service et m'a dit gentiment « Adieu ! ». Comme elle travaillait dans une autre partie du bâtiment, je ne l'ai plus vue. Dans ce cauchemar, je revenais à mon ancien travail et elle s'y trouvait, mais elle était fâchée de ma longue absence en congé maladie et ne m'adressait plus la parole. Il y avait dans le bureau l'ancien sous-directeur monsieur F. et je me sentais très mal. Je récupérais une photo d'Emma dont j'ignore ce qu'elle faisait à mon bureau et je partais.

Je me réveille sonné par ce cauchemar, ayant de surcroît mal dormi. Aujourd'hui, ma fille n'est pas disponible pour communiquer car mon petit-fils Lohan fait une compétition de "Bmx" (vélocross). Je vais tâcher d'égayer ma journée.

J'ai regardé deux téléfilms policiers, « Carte Vermeil », avec Jean-Pierre Aumont et Micheline Presle, et « A vos souhaits la mort ! » avec Paul Le Person et France Dougnac. Le second était nettement meilleur que le premier, même si l'ayant déjà vu, je me souvenais de la fin et du nom du coupable.

Le film du soir, « Un Grand seigneur » (ou « Les Bons vivants ») me fait changer d'avis sur le compositeur Michel Magne, que je n'aimais pas. Là, à la différence de

« Fantômas », j'adore. Seul le troisième sketch me plait, avec Louis de Funès, Mireille Darc et Jean Richard.

J'écoute ensuite les nouvelles chansons d'Emma : « Centomila » devient pour moi l'équivalent de « Ogni volta è cosi », « Mi parli piano », « Non è l'inferno », « Occhi profondi », soit sa meilleure chanson ex-aequo. « Souvenir » est un album inégal qui contient le pire (« Hangover », « Taxi sulla luna ») et le meilleur. Il me confirme avec « Centomila » qu'Emma reste la première merveille du monde musical. Je me demande si désormais, Emma n'est pas ma chanteuse préférée toutes époques confondues, ex-aequo avec Peppino di Capri, malgré la longue carrière et les 39 albums de ce dernier qui comportent très peu de choses à jeter.

J'écoute « Centomila » avec le même plaisir que « Ogni volta è cosi » et « Mi parli piano », ce que je ne croyais pas possible.

14 octobre

Je ne suis pas raisonnable, j'ai traîné sur Facebook jusqu'à deux heures du matin pour faire un album de photos des disques de Marcel Amont. Or, ce matin, j'ai mon drive à 11h00. Je suis obligé de me dépêcher pour prendre mon petit déjeuner, faire ma toilette et m'habiller. Je m'en veux.

Pendant que je dormais, j'ai reçu un appel d'Isabelle, la directrice du magasin Atol, mon opticien. Elle reporte le rendez-vous de cet après-midi car elle a commandé une pièce au fabriquant. J'attends donc de ses nouvelles. Mes lunettes me blessent de plus en plus chaque jour.

Il y avait du retard au drive. Je me suis dépêché pour rien. On m'a envoyé un SMS pour chercher ma commande, mais le camion réfrigéré qui approvisionne le drive était bloqué à Intermarché.

Il fait vingt degrés dehors et je peux faire ma marche. Mais cet après-midi, je m'ennuie.

Ce soir, je reprends la série des James Bond en DVD à partir du premier opus, « James Bond contre Docteur No ». Je ne me lasse pas de cette saga. Ce film est passionnant jusqu'au départ pour l'île du docteur No, ensuite, cela ressemble à une aventure de Jules Verne. Je me régale avec la première apparition de James Bond au cinéma, le premier rendez-vous avec son chef M, l'enquête policière à la Jamaïque. Ensuite, je joue à « Qui veut gagner des millions ? » et je perds beaucoup. Je me couche tard vers 1h00 après avoir regardé des vidéos de Raphaël Mezrahi.

15 octobre

J'ai l'impression de négliger ce *journal*. Je n'ai pas mentionné dimanche après-midi, alors que je m'ennuyais, avoir tenté de téléphoner à Alain J. qui fut à la fois un camarade de faculté de droit et un collègue de travail. Il n'a pas répondu. J'ai laissé un message avec l'objet de mon appel et mon numéro.

Cet après-midi, j'ai mon dernier cours d'italien avant les vacances scolaires. Samedi le dernier rendez-vous pour jouer à la belote. J'appréhende de m'ennuyer.

Cette nuit, j'ai fait un cauchemar dont le seul point que j'ai retenu est la présence du chanteur italien Nek. Je me suis réveillé angoissé et déprimé, mais je me suis vite secoué.

Je fais ma marche quotidienne après avoir tenté de joindre mon syndic et ma banque. Mon prélèvement mensuel de charges de copropriétaire, qui est programmé chaque 10 du mois, n'a pas eu lieu, et ce sans explications. A la banque, l'employée m'a dit qu'elle était en formation, de rappeler dans une heure, puis se ravisant, de faire un mail depuis mon espace client. Chez le syndic, tous les conseillers étaient en ligne. Je me dis que l'on n'est pas dépressif lorsque l'on se préoccupe de bien avoir payé ses charges.

Je pense que l'ennui me gagne parce que les films et les CD ne me suffisent plus pour occuper mon oisiveté. Ma fille me semble moins présente, et elle travaille cette semaine pour une mission d'intérim qui l'occupe beaucoup.

A 13h21, je reçois un appel du syndic. Le problème de prélèvement non effectué vient d'une erreur informatique, et sera régularisé dans la semaine.

Hier, Emma a donné un concert à Los Angeles dans une salle qui s'appelle « Whisky a Go Go », et a décidé de passer quelques jours de vacances là-bas avec sa manager Francesca Savini. Elle a dû affronter sa peur de prendre l'avion et déclare n'avoir dormi que deux heures avant le vol.

Pour me distraire, j'ai voulu mettre Rai Uno, et c'est pour apprendre que l'un de mes chanteurs préférés, Drupi, a un cancer du poumon. Il se dit guéri alors qu'on lui avait donné une espérance de vie d'un an et demi maximum. Il s'est coupé les cheveux. Durant l'interview et dans les articles trouvés sur Internet, le mot « cancer » n'est jamais prononcé au bénéfice de « maladie ».

Mon problème de santé est revenu malgré les soins, notamment avec le talc. De retour du cours d'italien, où j'étais assis, j'ai dû me nettoyer. Cela devient désespérant.

Ce soir, je regarde « Bons baisers de Russie », le deuxième James Bond. C'est le moins bien de la série avec Sean Connery. Je le regarde essentiellement parce que c'est Sean Connery qui joue le rôle. Le film est trop sérieux et ennuyeux, c'est l'adaptation fidèle du roman. Par la suite, Sean et surtout Roger Moore proposeront des histoires qui s'éloignent des livres de Ian Fleming mais gagnent en fantaisie et rythme, avec de l'humour et des gadgets.

16 octobre

J'ai fait un 46e cauchemar sur mon ancienne entreprise. Dans le songe, je n'étais plus délégué syndical, mais je me servais illégalement d'heures de délégation pour faire des pauses en m'arrangeant pour être avec ma responsable de service à ces moments-là, de sorte que l'on ne puisse rien me reprocher. Mais je savais que cette situation ne pouvait pas durer.

Je regarde le 9e épisode des « Envahisseurs » avec Susan Strasberg, un de mes fantasmes d'adolescent (je ne l'ai vue que dans cet épisode), et qui est partie bien trop tôt. Elle a été emportée par un cancer du sein à 60 ans le 21 janvier 1999.

J'ai dit hier à ma fille que l'on ne se voyait pas assez, mais elle m'a répondu que l'on s'est toujours vu une fois par mois. Je n'ai pas insisté. Elle doit me fixer un jour pendant les vacances scolaires pour que j'emmène mon petit-fils Lohan au cinéma. Elle a été très présente après la mort de ma mère. J'avais cessé de faire mon *journal* à cette époque-là.

Je regarde à présent « Amicalement vôtre ». C'est la cinquième fois que je revois la série depuis 2003. Je l'avais revue la dernière fois de février à avril 2022. « Les Envahisseurs » et « Amicalement vôtre » sont à mes yeux les deux meilleures séries de tous les temps.

Ce soir, je regarde « Goldfinger », le troisième James Bond. Un des meilleurs films de la série. J'ai joué jusqu'à 1h10 à « Qui veut gagner des millions ? » en perdant sans arrêt.

17 octobre

Je n'ai pas envie de me lever alors qu'il est 9h30.

Aller chez le psy est une véritable corvée, d'autant qu'aujourd'hui il y a une alerte orange pour orages et inondations. Il y a quinze jours, c'était pareil. Je pourrais rester chez moi tranquille et cela m'exaspère. Le psy ne comprend pas ma peur des orages, il y a quinze jours, il m'a dit « Dehors, il y a des drakkars ». Cela ne m'a pas fait rire.

Il y a des risques d'inondations chez ma fille, ainsi qu'à Montélimar, à Châteauneuf du Rhône. Sur Internet, les préfectures de la Drôme et de l'Ardèche lancent des alertes, et mon assureur m'a envoyé un SMS.

Rochemaure est inondée, mes petits-fils sont dans leur appartement. Ma fille m'indique que le Rhône monte.

Ce soir, je regarde le quatrième James Bond avec Sean Connery, « Opération Tonnerre ». C'était l'époque heureuse où il y avait un film par an. Cependant, je trouve le film beaucoup trop long, avec des temps morts. Je sais que le suivant, « On ne vit que deux fois », est passionnant et que je ne serai pas déçu. Je joue ensuite à « Qui veut gagner des millions ? ». Le deuxième DVD se bloque et je suis obligé de le nettoyer à l'alcool. Je me couche à 1h10.

18 octobre

Je me lève à plus de 9h30. Les inondations ont sévi un peu partout en France, et notamment en Ardèche. Je me fais du souci pour ma fille. Ce matin, les images d'actualités sur BMF-TV sont effrayantes.

Il pleut ce matin à Valence. J'espère ne pas avoir à sortir. Ma fille m'a rassuré.

A la faveur d'un retour du soleil, je fais ma marche quand David m'appelle. Nous restons 4h55 au téléphone.

Ce soir, je regarde un des meilleurs James Bond, « On ne vit que deux fois », avec Sean Connery et Donald Pleasence.

19 octobre

Dans le 47ᵉ cauchemar fait cette nuit sur mon ancienne entreprise, le sous-directeur Monsieur F. prenait une terrible colère. Je revenais travailler pour mettre sous pli des lettres recommandées, avec Laetitia, une ancienne collègue.

Je me lève à 9h30 sans entrain. Mon seul but de la journée est la partie de belote à 15h00. Isabelle du magasin Atol n'a pas rappelé et mes lunettes me blessent. Je souffre de la solitude, je m'ennuie et ma fille se fait très discrète. D'autre part, je fais des repas absolument pas diététiques le soir et il faut que je me reprenne. Je ne mange que de la soupe de vermicelles et trop de fromage. Je bois trop de vin, alors qu'après les visites à la diététicienne, j'achetais seulement une bouteille en fin de semaine. Je mange du chocolat blanc, diverses friandises chocolatées dont je me suis privé, mais ce n'est pas bon pour le diabète. De même que les pâtes fraiches, les raviolis aux quatre fromages notamment, qui me changent des sempiternels fruits, légumes et féculents, mais ne sont pas bons pour mon régime.

Pendant les vacances scolaires, je ne verrai sans doute qu'une fois Claire et Lohan. Ma fille souhaite que l'on ne se voie une fois par mois et pas plus. J'éprouve une profonde lassitude de tout.

Après la partie de belote, je me rends à Atol où la directrice me donne de nouvelles montures. Mon nez étant blessé, je dois porter mes anciennes lunettes quelques jours.

Je regarde ce soir le 6e James Bond, une catastrophe. Sean Connery est parti. « Au service secret de Sa Majesté » avec George Lazenby est un ratage total. Fort heureusement, ce dernier n'en a fait qu'un. Ce film, en décalage complet avec les cinq premiers, est cependant moins insupportable que la parodie « Casino Royale » de 1967, que j'ai décidé de zapper.

Demain, je verrai un de mes James Bond préférés, « Les Diamants sont éternels », avec le retour de Sean Connery.

J'appréhende beaucoup ces vacances scolaires sans belote ni cours d'italien pour me faire rencontrer du monde.

20 octobre

J'ai rêvé de Muriel Baptiste en Annunciata dans « La Princesse du rail » cette nuit. Je me lève à presque dix heures sans aucun ressort, sans volonté, sans envie de faire quoi que ce soit.

Après le déjeuner, je suis allé marcher au parc de Lorient et ai parcouru 2.95 kilomètres. J'ai fait deux fois le tour du parc, mais ai dû faire étape aux toilettes (heureusement qu'il y en a, avec du papier WC) car j'ai eu mon problème habituel. C'est incompréhensible car je suis parti propre de chez moi. Je me suis rendu ensuite à Beauvallon, où j'ai bu un diabolo menthe au bar restaurant du centre « Chez Manou ». Il faisait 25 degrés, j'en ai profité pour me rendre à mon retour au cimetière. Ma dernière visite date du 11 octobre. Cela a augmenté ma marche et j'ai donc fait 3.21 kilomètres.

Ce soir, je regarde le septième James Bond, « Les Diamants sont éternels ».

21 octobre

J'ai fait un cauchemar mais j'ai tout oublié au réveil.

Ma fille m'a fait la surprise de me téléphoner, et de m'inviter à deux reprises pendant les vacances scolaires. Elle m'a demandé si elle pouvait m'appeler 5 minutes, et la conversation a duré 1h13.

Avec l'arrivée de Roger Moore dans « Vivre et laisser mourir », le huitième James Bond, on s'affranchit des romans pessimistes et sombres de Ian Fleming pour entrer de plain-pied dans la magie du cinéma. Ce qui fait un bon livre ne fait pas forcément un bon film. Roger Moore le prouve, un peu comme Georges Descrières avec Arsène Lupin, en nous proposant des histoires gaies et insouciantes. N'est-ce pas ce que l'on cherche au cinéma ?

22 octobre

J'ai encore rêvé de Muriel Baptiste dans « La Princesse du rail ».

Je me suis couché tard et me réveille à dix heures, complètement désorienté. J'ai oublié de recharger mon smartphone.

Je me rends à Bourg-lès-Valence à l'association ABALS (Association Bourcaine Amitiés et Loisirs des Seniors). L'endroit est assez compliqué à trouver et j'ai bien fait de mettre mon GPS. Après avoir réglé ma cotisation et signé mon bulletin d'adhésion, je joue à la belote (dans sa version « Coinche », différente de celle à laquelle je suis habitué à l'association AVF). Je passe un agréable après-midi. En rentrant à Valence, je me rends à la pharmacie du lycée pour me faire vacciner contre la grippe.

Ce soir, je regarde le neuvième James Bond, « L'Homme au pistolet d'or », qui est mon film préféré de la saga.

23 octobre

J'ai rêvé une nouvelle fois de Muriel Baptiste, mais cette-fois dans « Les Rois maudits ». Ma mère était avec moi et j'achetais une revue où il y avait une photo de Muriel en Marguerite de Bourgogne.

Je me suis couché plus tôt que d'habitude, mais n'avais aucune envie de me lever ce matin. Pourtant, je suis invité chez Claire, que je vais voir deux fois : je vais chez elle demain jeudi, et elle vient dimanche dans une semaine. J'ai trouvé de nouvelles activités pour me distraire. Le fait d'avoir peur de me lever, de rester bien au chaud dans mes draps, est un signe de dépression.

Je ne sais plus quoi faire pour me secouer, pour réagir. Je n'ai plus de solutions.

Je suis retourné ce matin à Bourg-lès-Valence pour repérer la piscine (qui se trouve à côté de l'association ABALS), en essayant de trouver un trajet plus simple que la veille.

Après ma marche, j'ai regardé « Les Envahisseurs », « Amicalement vôtre » et « Les Enquêtes du commissaire Maigret ».

Ce soir, je regarde « L'Espion qui m'aimait », le dixième James Bond. Je ne vais pas me coucher trop tard, car demain je vais voir ma fille.

Rochemaure, 24 octobre

Je n'ai dormi que deux heures cette nuit, entre 23h30 et 1h30. De ce fait, j'ai failli annuler ma visite chez ma fille.

Requinqué par un café, j'ai pris la route.

J'ai passé une merveilleuse journée. Ma fille et Lohan ont été adorables. Avec Lohan, nous avons vu notre 16e film en commun, un dessin animé, « Croquette, le chat merveilleux ». C'est un dessin animé façon Walt Disney. Il n'y a rien de violent dedans comme souvent dans les films d'aujourd'hui. La musique a été composée par Tom Howe et Geoff Zanelli, qui sont des inconnus pour moi. Dans le passé, certaines musiques de dessins animés vus avec Lohan étaient l'œuvre de compositeurs que j'adore, comme John Powell (pour « Migration », vu le 13 décembre 2023). Le dernier film que j'ai vu avec Lohan était « Garfield, héros malgré lui », dont le héros était aussi un chat.

Après ce film très plaisant, j'ai offert à Lohan d'aller à la brocante « La Ressourcerie », afin de choisir quelques cadeaux. Je tenais à lui faire plaisir. Il voulait des petites voitures automobiles, mais il n'y en avait qu'un nombre réduit. Il a choisi des pistolets et des armes (évidemment factices, des jouets pour enfants). Néanmoins, j'ai appelé ma fille pour avoir son aval et ne pas faire d'impair. Elle a discuté avec Lohan au téléphone et convenu qu'elle était d'accord.

Toute ma vie, je serai passionné par les CD. Ma fille m'a à bon escient incité à mettre sur mon téléphone portable, en format PDF (Adobe Acrobat), ma liste de CD. Et ce jour, cela m'a été bien utile. En effet, cette liste est classée par ordre alphabétique, et j'ai failli acheter deux CD méconnus de Lara Fabian, « Pure » et « Le Secret ». J'y ai renoncé puisque je les ai déjà. Le problème est que, possédant 2469 CD, je ne peux me souvenir de tout ce que j'ai. J'ai fait deux trouvailles. Tout d'abord, un cd compilation de Mike Brant, « Ses plus grands succès », paru sur le label EMI en 1994. J'ignorais l'existence même de ce disque et l'ai acheté aussitôt. Pour cinquante centimes le CD, la dépense est sans conséquence. J'ai également acquis le CD de Chimène Badi « Entre nous », de 2003. C'est la seule très bonne chanson qu'elle a faite, en dehors de sa reprise de Michel Sardou « Je viens du Sud » dans son deuxième album.

Lorsque je dis 2469 CD, je compte dedans un CD en attente de réception de Patrick Juvet, « Best of ». Les CD sont ma grande passion. J'ai acquis récemment la bande originale du film « Drôle d'embrouille » composée par Charles Fox, et une édition limitée de celle de « Goldfinger » comportant de nombreux titres inédits qui ne figuraient pas dans le 33t d'origine limité à 13 morceaux. La nouvelle version CD propose l'intégralité des musiques que comporte le film, soit 17 titres. Ma fille m'a offert un CD très rare d'Henri Salvador, « Ailleurs ». Avec les achats de ce jour, Mike Brant et Chimène Badi, ma collection atteindra les 2469 unités dès que le disque de Patrick Juvet me parviendra.

J'ai jeté un coup d'œil au rayon CD anglo-saxons, dans l'espoir de trouver un deuxième CD de Kool and the gang, voire un de Sting que je n'ai pas, mais il n'y avait rien de tout cela.

En prenant de l'âge, je m'intéresse à des artistes du passé, tels Henri Salvador, Patrick Juvet et Frank Sinatra, ainsi qu'à des groupes des années 80 comme Kool and the gang, mais Emma et Alessandra Amoroso demeurent des exceptions. Je n'aime pas la musique moderne, et en particulier le rap.

J'avais prévenu Lohan que je regardais le rayon CD, mais je ne le retrouvais plus ensuite. Il s'était assis devant des pistolets que je lui ai offerts.

Nous sommes ensuite rentrés chez ma fille, avec laquelle j'ai pu discuter, mais je suis parti tôt afin de rentrer avant que la nuit tombe. De plus, la pluie s'était mise à tomber.

A mon retour, j'ai eu la surprise de trouver un livre que je vais dévorer. « The Search for Bond », par Robert Sellers.

Il est en anglais, mais je pense me débrouiller pour le lire. Ce livre recense, pour la première fois, tous les candidats qui ont été envisagés pour le rôle de James Bond. J'ai jeté un coup d'œil et constaté que Tom Selleck, le détective américain de « Magnum » (et que j'apprécie de voir dans mon film préféré « Morts suspectes ») fut, à ma grande stupéfaction, sérieusement envisagé pour remplacer Roger Moore par le producteur de la saga, Cubby Broccoli. Même en faisant preuve d'imagination, je vois très mal l'interprète de « Magnum », qui n'est pas britannique, en Bond, mais ne suis sans doute pas au bout de mes surprises. Je sais déjà que les français Lambert Wilson et Christophe Lambert ont bien failli être James Bond, ce qui aurait été une catastrophe à mes yeux, tant ils sont éloignés de l'image de Roger Moore et Sean Connery.

Ce soir, je savoure en DVD le onzième James Bond, « Moonraker », avec Roger Moore. Il vaut mieux que l'on ne fasse pas de nouveaux films à présent. Il était l'interprète idéal et personne ne pourra le remplacer.

25 octobre

Je me suis levé tard, rattrapant le sommeil de la veille. J'ai décidé de me faire vacciner contre le corona virus en vue du concert d'Emma. J'ai ensuite dû me rendre en ville chercher mes médicaments, la pharmacie de mon quartier ne pouvant me les fournir.

Cet après-midi, après ma marche, je me suis rendu au cimetière, et j'ai acheté un pot de chrysanthèmes et un de cyclamens. Puis, ne trouvant pas de confit d'échalote (ma fille m'en a offert un pot hier), j'ai acheté du confit d'oignon, une crique, une caillette et des olives vertes à l'ail, ainsi que des cubes de gouda au cumin. Petite entorse méritée à mon régime.

Je continue de me délecter de la lecture du livre sur James Bond, arrivant à peine à croire qu'en 1967, les producteurs avaient engagé pour remplacer Sean Connery l'acteur Oliver Reed, qui n'a absolument pas le physique de l'emploi. Heureusement, son mauvais caractère a fait capoter le projet. La liste des candidats potentiels s'allonge au fil des pages, et certains sont carrément des aberrations. N'importe quel acteur ne peut pas jouer l'agent 007.

Alain J. me rappelle et nous avons un échange agréable. Il était absent et n'a eu mon message qu'aujourd'hui.

Je regarde ce soir le film « Rien que pour vos yeux » ; avec Roger Moore et Carole Bouquet, et je continue de dévorer le livre de Robert Sellers. J'en suis à la page 66 sur 203, au moment où George Lazenby est devenu contre toute attente James Bond. Cela ne va pas durer, et les producteurs vont devoir se remettre en chasse d'un nouvel acteur.

26 octobre

J'ai fait plusieurs rêves confus. Dans l'un, Dave perdait son compagnon Patrick Loiseau et se retrouvait seul.

Fébrile après la vaccination d'hier, je ne suis pas sorti. La journée a passé vite, j'ai écouté des CD et lu mon livre sur James Bond.

Ce soir, sur M6, commence un remake de « Code Quantum » sans Scott Bakula. Je suis sceptique. Au bout de trois épisodes, je suis carrément déçu. Bakula a d'ailleurs déclaré qu'il n'avait rien à avoir avec ce projet. Il y avait une dimension humaine et presque poétique dans l'original, la nouvelle version est de la science-fiction centrée sur des effets spéciaux.

27 octobre

J'ai fait plusieurs rêves oubliés à mon réveil. Dans l'un, je voyais une ancienne collègue de travail, Michèle P., partie en retraite depuis longtemps. Le changement d'heure me perturbe. Ma montre connectée n'est plus à l'heure et je ne sais pas la régler. Idem, mais cela a moins de conséquences, pour ma station météo. Le changement d'heure semestriel m'agace.

J'ai demandé à Lucas par SMS, qui m'a dit de me référer à la notice. Puis à ma fille qui pense que je n'ai qu'à garder l'heure d'été et mentalement retrancher une heure. J'ai demandé à mes voisins de palier, des jeunes, de me changer l'heure, mais les ai dérangés pendant une heure. J'étais horriblement gêné. Ils n'y sont pas arrivés.

Lucas s'en occupera quand je le reverrai, sans doute en décembre. J'ai fait ma marche et repris ma liste de tous les acteurs qui ont été testés pour le rôle de James Bond à partir du livre « The Search for Bond ». Je fais un fichier excel. Je pense qu'il va y en avoir plusieurs centaines.

Je regarde ce soir « Octopussy », le treizième James Bond, et l'avant-dernier avec Roger Moore.

Au bout de deux jours, j'ai terminé mon fichier excel James Bond.

28 octobre

J'ai rêvé que chez une disquaire, une femme qui avait des 33 tours des années 60-70, je retrouvais des collègues de travail pour participer à un karakoé. Je voulais chanter un titre de Leny Escudero « Ballade à Sylvie ». La disquaire n'avait pas le 33 tours, aussi je mettais la chanson sur mon smartphone. Alors que je chantais, je faisais fuir les collègues de travail.

Ce matin, vers 8h00, j'ai entendu l'alarme de ma station météo, que j'avais mise par erreur en voulant changer l'heure. Entre la montre connectée et la station météo, le changement d'heure m'aura causé bien des soucis. J'ai fait ensuite mes courses hebdomadaires, au drive d'Intermarché.

J'ai vu mes séries habituelles (« Les Envahisseurs », « Amicalement vôtre », « Maigret »), j'ai fait ma marche en simple pull-over sous un soleil printanier. J'ai enfin pu régler l'heure sur la station météo.

L'après-midi a passé trop vite. J'ai écouté des CD, des musiques de film et Mike Brant.

Ce soir, fin de mon cycle « James Bond » avec le quatorzième James Bond, « Dangereusement vôtre », le dernier avec Roger Moore. Puis je regarde des clips d'Emma, en particulier « Centomila » et « Vita lenta ».

29 octobre

Je me réveille angoissé, après un rêve dont j'ai tout oublié. L'alarme de ma station météo, que je pensais avoir arrêtée, sonne toujours. Je ne peux plus demander de l'aide à personne, j'espère que ma fille pourra y remédier dimanche.

Il semble que j'ai finalement réussi à enlever cette alarme après quelques manipulations.

Je fais mes 2 kilomètres de marche d'un pas rapide. Je me demande pourquoi je ressens une telle peur lorsque je me réveille chaque matin, et cela depuis septembre. Je ne peux définir la nature de cette peur.

Je passe une excellente après-midi à Bourg-lès-Valence de 14h00 à 17h30, en faisant deux parties de belote avec des femmes de l'association ABALS. J'ai déjà joué avec elles le 22 octobre.

Ma fille m'a offert plusieurs CD d'Henri Salvador, ceux de sa fin de carrière avec notamment sa chanson « Jardin d'hiver ». Je les écouterai demain. En attendant, j'écoute le CD de Mike Brant trouvé à la brocante à Montélimar.

Mon moral est en train de remonter à vitesse grand V. Je sens que je sors de cette situation dépressive qui me rendait la vie morose. L'angoisse du matin devrait se dissiper par là même.

Ce soir, je regarde le deuxième épisode des « Enquêtes du professeur Capellari ». Je trouve le rythme trop lent et la série assez moyenne. L'acteur principal joue bien et son personnage est attachant, mais les intrigues me plaisent moins. Heureusement, j'écoute ensuite les nouvelles chansons d'Emma sur ma télévision. Il ne s'agit pas de véritables clips, mais je préfère voir Emma qu'écouter ses CD comme je le fais pour Mike Brant, Henri Salvador, Frank Sinatra, Kool and the gang, Chimène Badi et les musiques de films.

Quelque chose ce soir me dit que je suis enfin sorti du tunnel. J'ai vaincu la dépression et j'ai retrouvé ma joie de vivre, sans me prendre la tête pour des histoires de montres ou de station météo.

30 octobre

J'ai rêvé de James Bond, sans doute parce que j'ai lu le livre de Robert Sellers sur les acteurs envisagés pour le rôle.

Je suis d'excellente humeur ce matin et me sens bien. Je fais des courses en achetant quelques douceurs pour Lucas et Lohan (Claire vient dimanche avec Lohan) : gâteaux, boissons, cartes d'anniversaire que je vais remplir mais que ma fille leur donnera le 13 (pour Lucas) et le 22 pour (Lohan).

J'ai fait ma marche et parcouru 3.22 kilomètres. On se croirait au printemps.

Je regarde ensuite « Les Envahisseurs » (« Panique ») et un de mes épisodes préférés de « Amicalement vôtre », « La Danseuse ». Je termine l'après-midi avec des CD d'Henri Salvador que m'a offert ma fille. Il s'agit de sa fin de carrière et non de ses chansons humoristiques. Cet aspect « crooner » de Salvador me rappelle Sacha Distel et Frank Sinatra.

L'épisode de « Capellari » n'était guère passionnant. J'ai fait une rétrospective de mes chansons préférées du festival de Sanremo de 1980 à 1992, puis j'ai écouté Alessandra Amoroso.

31 octobre

Je me suis couché à 2h20 et réveillé à 8h30, complètement paniqué. Il faut que je cesse de me coucher si tard. Le ciel est gris, devoir aller chez mon psy à 15h00 m'agace. J'espère que les enfants viendront en fin d'après-midi chercher des bonbons pour Halloween. J'ai prévu large, deux sacs de bonbons.

A midi, mon angoisse ne me quitte pas. Je ne comprends pas ce qui se passe. Cela n'a rien à voir avec la fête d'Halloween, que j'adore.

Cela m'a énervé d'aller chez le psy. De retour, j'ai eu ma prof d'italien au téléphone, car pour faire un exercice pour mardi, il faut aller sur le site Internet de notre manuel. Elle avait oublié d'expliquer la marche à suivre.

J'ai regardé un premier film d'épouvante, « L'Héritage du mal » de Michael Kennedy avec Stephen Lang (1995), une histoire de possession démoniaque.

A 17h21, aucun enfant n'est venu chercher des bonbons.

Alors que je n'espérais plus de visites, une véritable armada est arrivée à 19h52. Cela ne s'était jamais produit depuis mon arrivée dans cet appartement en 2003. J'ai pu donner des bonbons à profusion.

Comme chaque année, je regarde le soir d'Halloween mon film d'épouvante culte, « Cubby House », production australienne de Murray Fahey (2001), avec Joshua Leonard et la belle Lauren Hewett (née en 1981), dont ce fut hélas ! le dernier film. Elle en a fait 17 et a arrêté sa carrière en 2001. Je le vois pour la 14e fois sans me lasser depuis mon achat à Halloween 2010.

J'enchaîne avec « La Furie des vampires » (« La Noche de Walpurgis »), film espagnol de 1971 avec Paul Naschy. Une histoire de loup-garou, vraiment terrifiante. C'est ma 13e vision depuis que j'ai acheté le DVD, à Halloween 2004.

Je regarde la télévision dans le noir, éclairé seulement par les deux lampes Halloween : une citrouille qui passe au vert, au rouge, et que je possède depuis des années, et une sorcière citrouille achetée hier à Intermarché qui clignote en rouge, vert et jaune.

1ᵉʳ novembre

Le compte à rebours pour le voyage à Milan a commencé. Je vais vérifier si j'ai toutes mes affaires, si tout est prêt.

Je me suis rendu au cimetière. Curieusement, il n'y avait pas trop de monde, sans doute parce qu'il fait froid. J'ai bien fait de mettre mon manteau. Quelqu'un a mis une petite plante à ma mère. J'ignore qui cela peut être, Claire aussi.

Aujourd'hui, Alessandra Amoroso sort un nouveau single et clip : « Si mette male ». Je la verrai en concert à Milan le 10 décembre.

Je continue Halloween avec le film espagnol « L'Empreinte de Dracula » (1973), titre français racoleur pour « El retorno de Walpurgis ». Paul Naschy y reprend son rôle de « La Furie des vampires », dont c'est la suite. Le comte Dracula n'apparaît pas dans ce film. Dans la foulée, je revois l'excellent « La Furie des vampires » pour une 14ᵉ vision après celle d'hier soir. Les deux films avec Naschy font partie d'une série de onze dans laquelle il incarne le comte Waldemar Daninsky.

L'épisode des « Enquêtes du professeur Capellari » de ce soir, « Le Coupable idéal », est passionnant.

Je regarde ensuite des clips d'Ale.

2 novembre

J'ai fait un cauchemar. J'étais invité par mon cousin germain et sa femme, avec lesquels je suis fâché depuis mai 2014. Je me suis réveillé angoissé, avant que l'orage éclate entre eux et moi.

Le salon du livre m'a déçu. J'ai vu Alain Bougrain-Dubourg, mais ses livres sur les animaux ne m'ont jamais intéressé. Franz-Olivier Giesbert était absent à son stand. J'ai tenté d'écouter une conférence sur la guerre d'Algérie, menée par l'écrivain Boualem Sansal, mais cela m'a rappelé de mauvais souvenirs et je suis parti. 27 écrivains étaient annoncés ce samedi, mais beaucoup de stands étaient vides. J'ai regardé les livres, ils ne m'intéressaient pas.

Après ma marche, j'ai écouté le dernier CD de Patrick Bruel. Puis j'ai mis le DVD de son dernier spectacle (le tour 2019-2020). Je sélectionne les chansons que j'aime le plus : « Comment ça va ? », « Marre de cette nana-là », « Au café des délices », sa reprise de Joe Dassin « Salut les amoureux ». Bruel ne chante pas du tout « Salut les amoureux » comme Dassin, il a adopté un rythme beaucoup plus rapide.

Présent sur le double CD live, « Le Fil », son dernier tube, que je viens d'écouter sur son album « Encore une fois » puisque la chanson est sortie entre deux albums et a été intégrée au dernier en date, ne figure pas sur le DVD, qui a dû être filmé avant la sortie. Je l'aurai sur le prochain DVD en live. Sur le CD, c'est en tant que « titre inédit » version studio qu'il figure. « Le Fil » devient ma chanson préférée de Patrick Bruel, dont la carrière a pourtant commencé en 1984.

J'ai fait un Top des plus belles chansons de tous les temps. Après en avoir sélectionné 110, j'en ai rajouté ce soir une 111e, « Je te trouverai », d'Adamo, (1972). J'ai enregistré 112 clips (« C'est ma vie » d'Adamo seul, et la reprise en duo au Canada avec Isabelle Boulay dans les années 90) et un deuxième clip du même Adamo pour la chanson « Marie la mer » de 1973.

Ce soir, je commence à regarder cette sélection car je ne pourrai sans doute pas tout voir, vu le nombre de chansons. D'emblée, je suis saisi par « Cassé » de Nolwenn Leroy. Il y a de nombreuses chansons tristes dans ma sélection.

Il y a bien sûr mes cinq chanteurs préférés : Peppino di Capri, Emma, Alan Sorrenti, Gianni Morandi et Sacha Distel. Mais bien d'autres : Adamo, Dave, François Valéry, Michel Berger sont les quatre qui me paraissent arriver tout de suite après mes cinq chanteurs favoris. Il y a des chansons isolées, par exemple celle de la regrettée

Danielle Messia, dont j'ai mis en vidéo la reprise par la canadienne Stéphanie Bédart. Beaucoup de chansons relatent des situations tragiques, comme « Natalie Wood » de Jil Caplan (1991), « Les Absents ont toujours tort » (hommage de Louis Chedid à Patrick Dewaere), et toujours sur le thème du suicide « Canzoni Stonate » de Gianni Morandi.

Adamo est très présent dans ce classement avec six chansons : « Marie la mer », « Avec toi », « J'ai trouvé un été », « C'est ma vie », « Puzzle », « Je te trouverai ». Patrick Bruel également avec « Le Fil », « J'm'attendais pas à toi », « Combien de murs », « Au café des délices », « Encore une fois ». J'ai d'autre part une grande estime pour les personnes qu'ils sont en dehors de leur métier de chanteur. Ce qui n'est pas le cas avec Dave : j'aime les chansons mais pas le personnage. J'ai déjà dit dans ce *journal* que je passais des après-midis à écouter des CD de Dave. J'ai retenu cinq chansons de lui dans ma sélection : « Du côté de chez Swann », « Par pudeur », « L'Année de l'amour », « Je viens du nord » et « Le lagon bleu ».

Emma est présente avec cinq titres, Peppino sept, Gianni Morandi seulement trois, Alan Sorrenti sept.

Pour atteindre 110 chansons, je n'ai donc pas misé que sur mes cinq préférés, mais j'ai tenté de répertorier toutes les chansons qui ont marqué ma vie. Souvent, elles ne sont représentées que par un chanteur : par exemple « Ma France », chef-d'œuvre de Jean Ferrat de l'année 1969, qui fut interdite en radio et télévision. La chanson du groupe Abba « The Winner takes it all » me bouleverse toujours comme à la première écoute en 1980.

Cette sélection, faite avec le cœur, me donne à penser que j'ai maintenant sept chanteurs préférés et non cinq, puisque Adamo et Bruel se retrouvent ex-aequo à la sixième place.

Je sens que je vais chasser l'ennui des journées en regardant cette « playlist », bien plus pratique que d'écouter des CD.

Claire et Lohan viennent demain.

3 novembre

Je me réveille angoissé. Pourtant ma fille et mon petit-fils viennent aujourd'hui.

Nous avons passé une merveilleuse journée. On a fait ma promenade quotidienne. Il était prévu d'aller aux jeux d'enfants récemment installés par la mairie au coin de mon immeuble, mais Lohan a dépassé l'âge. A cet endroit se trouvait un parc d'enfants qui a été longtemps fréquenté par Lucas quand il nous rendait visite enfant à ma mère et moi. Puis, n'étant plus aux normes de sécurité, tout a été enlevé durant des années. La mairie a trop attendu pour Lohan, désormais trop grand.

Ce soir, j'ai modifié ma sélection de chansons, en en retirant deux : « Le Bal masqué » de Gilbert Bécaud et « Y'a plus d'hiver » de Philippe Lavil. J'en ai ajouté deux : « Uno su mille » de Gianni Morandi et « Moi Lolita » d'Alizée.

4 novembre

Je me suis couché à 1h52 et réveillé à 5h00. Il faut impérativement que je me couche plus tôt. Après la joie d'être en famille hier, ma solitude me pèse et je n'ai aucune activité aujourd'hui.

J'ai rêvé de Valérie G., collègue de travail qui m'avait recontacté en 2021 et laissé tomber lorsque j'avais dû prendre ma retraite avant l'heure, choses que je n'ai pas relatées puisque je n'ai pas fait de *journal* de 2020 à 2022. J'ai toujours eu des relations orageuses avec Valérie durant mes années au bureau. En 2021, une réconciliation tardive semblait arriver, mais lorsque j'eus des ennuis avec mon ancienne entreprise qui m'obligea à prendre une retraite anticipée, Valérie ne répondit plus au téléphone alors qu'elle avait dit qu'elle me défendrait. Mon rêve de cette nuit était assez coquin, c'est-à-dire érotique. C'est assez bizarre car j'ai gommé Valérie de ma vie et n'y pense plus jamais. Valérie avait une vie amoureuse très remplie, mais ne sortait jamais avec des collègues de travail.

Ce matin, j'ai reçu une cybercarte de ma fille.

J'ai été contrarié par une nouvelle modification de Flixbus qui change la réservation du billet de départ dimanche pour Milan. Philippe et moi n'avons plus de places attribuées et ne sommes pas sûrs, pour un aussi long voyage, d'être à côté.

Ce soir, le 5e épisode des « Enquêtes du professeur Capellari », « Une maison de rêve », est vraiment médiocre et je m'ennuie. Je termine la journée par des clips de Giorgia.

5 novembre

J'ai beaucoup dormi et je me lève dans un état d'angoisse. Je ne me souviens pas des rêves que j'ai fait, je me traîne ce matin.

A 10h16, David m'appelle et la conversation dure jusqu'à 16h05.

L'ambiance n'est pas terrible au cours d'italien.

Je regarde ce soir le sixième épisode des « Enquêtes du professeur Capellari ».

6 novembre

J'ai encore rêvé de mon entreprise. C'est le 48e de l'année, le précédent datant du 19 octobre. Je travaillais avec ma responsable de service C. et n'ai que de vagues souvenir du contenu du songe.

Donald Trump a gagné les élections aux Etats-Unis.

J'ai fait mes bagages pour le départ de dimanche. Il ne reste que les choses à mettre au dernier moment.

Après ma marche, j'ai regardé « La Pipe de Maigret », et écouté des CD d'Henri Salvador. J'ai été contrarié car au retour de ma marche, j'ai dû nettoyer mon anus qui était sale. Ce problème que je croyais résolu ne l'est pas.

Ce soir, je regarde « Les Enquêtes du professeur Capellari ». L'épisode n'est pas passionnant, une histoire d'œufs rares.

7 novembre

Le concert d'Emma approche.

L'épisode de « Maigret », « La vieille dame de Bayeux », est excellent.

J'ai passé une mauvaise journée. A nouveau, j'ai eu des problèmes avec les douleurs anales que j'évoquais en octobre et qui me causent des irritations. Il a fallu que je me nettoie à plusieurs reprises, notamment chez le psy. Cela m'angoisse dans la perspective du voyage.

Je suis perturbé par la logistique de mon séjour à Milan. Je n'ai pas une grande confiance en Flixbus.

Je regarde le 8e épisode de « Capellari », « Milena ».

8 novembre

J'ai très mal dormi. Je me suis réveillé à 5h00. Bizarrement, l'anxiété pour mon voyage a chassé la déprime.

En me rendant au supermarché, je me suis énervé à la caisse. Une cliente a pris des marchandises pour elle et trois lots d'intercalaires transparents pour une société. Elle n'avait pas les coordonnées pour faire établir la facture au nom de cette société. La vendeuse a fait des recherches sur l'ordinateur de la caisse. Au bout d'un moment, cela n'en finissait pas. J'ai fini par dire exaspéré à la vendeuse, « Bon, madame ! ». Elle a ensuite fait la tête quand elle a encaissé mes achats.

J'apprends aujourd'hui que la date de rétablissement du trafic ferroviaire entre Chambéry et Milan est à nouveau différée, cette-fois ci au premier trimestre 2025.

A la belote, arrivé à 13h30, je ne trouvais personne avec qui jouer. Il y avait trois tables de retraitées (soit 12 personnes) arrivées à 13h15 (alors que l'activité est censée débuter à 14h00) qui voulaient jouer entre elles. Heureusement, après 15h00, sont arrivés trois partenaires de l'extérieur, et j'ai pu jouer jusqu'à 17h00.

Ce soir, je regarde le 9e épisode du « Professeur Capellari », « Faux amis ».

9 novembre

J'ai eu du mal à m'endormir hier soir, et me suis levé à neuf heures du matin.

Je me suis rendu à la belote et j'ai fait une première partie agréable de 15h00 à 17h00. Malheureusement, à 17h00, on a changé de partenaires. Je me suis trouvé alors confronté au seul homme du groupe, qui s'est montré désagréable, m'accusant de tricher, de parler et de livrer des informations à ma partenaire. Quand je lui ai dit que je venais pour me distraire, il m'a répondu qu'on venait pour ce qu'il a appelé « la jouerie ». Je ne savais pas que ce mot pédant et désuet existait dans la langue française.

Cet homme exaspérant m'a énervé, il multipliait les remarques désagréables et on a mis fin à la partie avant que l'on en vienne aux mains. En sortant, j'ai appris qu'il s'était disputé déjà avec une joueuse à la table durant l'intervalle 15h/17h. Ma partenaire qui a mis fin à la partie a partagé mon exaspération.

Je voulais participer à une soirée bowling de l'AVF, mais sachant que cet homme y va, je m'abstiendrai.

Je suis vraiment très en colère devant la bêtise humaine et ce genre d'énergumènes.

Je suis allé chercher Philippe à la gare et nous avons discuté jusqu'à minuit. Demain, c'est le grand départ.

Valence et Milan, 10 novembre

Je me suis réveillé cette nuit à trois heures du matin et ne suis pas parvenu à me rendormir.

Ce concert et ce voyage auront été la somme de toutes mes anxiétés. Le plaisir de voir Emma pour la cinquième fois en concert fera oublier les tracas.

Le voyage s'est bien passé en Flixbus jusqu'à la frontière, où la douane italienne a contrôlé plusieurs personnes, fait descendre une passagère pour (je suppose) lui demander de s'expliquer sur ses papiers, et ont enfin fait descendre du car et prendre ses affaires à un homme. Tout cela a retardé le voyage.

Nous devions arriver à 19h50 à Milan, mais sommes parvenus à destination bien après. Je n'ai pas noté l'heure. Le brouillard s'est invité tel un cadeau du Diable. Après avoir pris le métro jusqu'au terminus d'Assago, Philippe et moi, en plein brouillard, nous sommes retrouvés sur une partie d'autoroute sans âme qui vive. J'avoue que j'ai eu très peur de passer la nuit dehors. La joie de voir Emma se dissipait alors. Heureusement, une jeune femme que nous avons croisée nous a indiqué le chemin et nous avons pu gagner notre hôtel, épuisés.

Milan, 11 novembre

Les soucis de la veille ont vite été oubliés. Philippe et moi nous sommes reposés au Royal Garden Hôtel, après quelques courses dans le centre commercial d'Assago.

Le soir est arrivé, et à l'Unipol Forum, Emma nous attendait ainsi qu'un vaste public. A partir de 21h10, et durant deux heures dix, Emma a arrêté le temps, un peu comme dans la chanson de Sacha Distel « Si l'on pouvait arrêter le temps ».

Emma m'a submergé de bonheur, je suis tombé dans une extase que j'ai connue déjà le 26 février 2019 lorsque je l'avais vue pour la première fois en concert. Elle m'a entraîné avec ses chansons, sa lumière, sa splendeur, sa beauté, son talent et son aura dans un nouvel univers, loin de mes tracas quotidiens.

Elle a chanté « Centomila », « Ogni volta è cosi », « Non è l'inferno », « Occhi profondi » et des tas d'autres merveilles.

J'ai eu le sentiment de vivre dans une autre dimension, dans un rêve éveillé. Le 14 février 2012, en découvrant Emma chantant « Non è l'inferno » en ouverture du 62e festival de Sanremo, a commencé un fabuleux conte qui se poursuivra jusqu'à ma mort. Emma a su bouleverser mes choix musicaux, qui étaient centrés sur quelques artistes, pour devenir à la fois ma chanteuse préférée (égalant Peppino di Capri), mais devenant aussi le substitut définitif de Muriel Baptiste.

La mort de Muriel Baptiste, l'actrice dont je suis tombé amoureux à sept ans en 1967, m'avait plongé dans une tristesse immense. Au fil des ans depuis 2012, et en particulier à compter du concert du 26 février 2019, j'ai découvert que je pouvais devenir amoureux d'une autre artiste qui est bien vivante et enchante ma vie.

Je pourrais parler durant des heures de ce nouveau concert du 11 novembre. J'ai aimé presque tout, excepté « Schiena » et « Trattengo il fiato », qu'Emma semble adorer, alors que je préfère « Acqua e ghiaccio » et

« Stupida Allegria », qu'elle ne chante pas ce soir. Mais ce sont là des détails. Emma me guérit de toutes les peurs. Elle me rend meilleur, heureux, serein. Ce soir sur scène, j'ai eu l'impression de vivre un conte de fées.

Comme ce cher Sacha le chantait en 2003 avant de nous quitter, « si l'on pouvait arrêter le temps », je le ferais. Je n'ai pas vu le temps passer. J'aurais voulu le retenir entre mes mains, prolonger ce plaisir à l'infini. Mais après avoir chanté « Apnea » et être descendue dans le public, Emma s'en est allée, nous disant au revoir. C'est le cinquième (mais pas le dernier) concert d'elle que je vois, et je pense déjà au prochain, même si je suis content de revoir Patrick Bruel et de découvrir Alessandra Amoroso prochainement.

Douze minutes pour une séance de détartrage chez le dentiste me paraissent des heures, alors que je n'ai pas vu le temps passer durant le concert enchanteur d'Emma. Elle est tellement merveilleuse, me plonge dans un tel bonheur, que je trouve cela presque surnaturel. Je ne suis pas croyant, mais à quoi bon chercher un Dieu dans le ciel alors que j'ai devant mes yeux, sur l'avancée de scène, une véritable déesse.

J'aime la musique, mais là où je suis comblé de bonheur par Sacha Distel, Alan Sorrenti ou Nino Ferrer, j'ai quelque chose en plus avec Emma. Elle est la femme idéale. Ce concert est mon préféré avec celui de 2019. Je pense que le plaisir que je ressens n'aurait pu être égalé que si j'avais pu voir en 1965 Muriel au théâtre dans « Gigi ». Voir l'artiste que l'on adore et que l'on aime devant ses yeux sur scène crée un rêve qui dépasse la réalité.

Emma est tellement belle, il irradie d'elle un tel bonheur, qu'il faudrait inventer un nouveau mot pour décrire ce que je ressens en l'écoutant chanter et la voyant devant moi.

Avant le concert, j'avais acheté un magnet, comme Philippe. En sortant, j'ai voulu prendre aussi deux bandeaux à l'effigie d'Emma à la petite boutique de produits dérivés.

Ce soir, un véritable miracle se produit pour moi. Emma me guérit de la dépression dont je souffre depuis septembre. Elle est le bonheur incarné, elle m'entraîne dans la joie, le bonheur et l'insouciance.

En 1984, Emma naissait. Au mois d'octobre de cette année-là, je me souviens que, en voyage à Rome, j'écoutais avec un walkman une cassette de Gianni Morandi, « Immagine italiana », le meilleur album de Gianni. Il chantait « Mi manchi », « Nel silenzio splende », « L'Uomo misterioso », et je trouvais cela fantastique. Emma s'écarte de cette variété que j'aime, naviguant de la variété au pop-rock. Elle chante « Non è l'inferno » (ce n'est pas l'enfer) et elle a raison. Certes, toutes ses chansons n'égalent pas ce que je préfère chez Gianni

Morandi, Peppino di Capri et Alan Sorrenti, mais peu importe. Même les chansons que je n'aime pas d'Emma, comme « Taxi sulla luna », ont une part qui m'émerveille, en raison du fait qu'elle en est l'interprète. J'aime tout chez elle. Elle pourrait me chanter l'annuaire téléphonique que je l'aimerais autant. C'est une fée, une magicienne, une déesse. Elle me fait oublier toutes les laideurs de l'existence.

Je rentre à l'hôtel avec des paillettes dans les yeux. Je suis dans une autre dimension.

J'ai eu beaucoup de mal à dormir ensuite, peut être trois ou quatre heures au maximum.

Milan et Valence, 12 novembre

Il faut prendre le chemin du retour. Nous reviendrons avec Philippe le 10 décembre pour voir Alessandra Amoroso à Assago.

Le voyage de retour se passe dans la sérénité. Je suis fatigué, Philippe aussi, mais c'est le prix à payer pour voir Emma.

Durant tout le voyage de retour, je n'ai qu'une idée en tête : quand reviendrais-je pour voir une sixième fois Emma ? J'oublie la peur dans le brouillard, marchant sur l'autoroute derrière le Royal Garden Hôtel, j'oublie l'inconvénient de voyager en Flixbus plutôt qu'en train depuis l'éboulement de la falaise de La Praz le 27 août 2023. J'oublie tout.

A mon retour, il pleut à Valence. Mon aide-ménagère est venue me chercher à la gare en voiture. Je réserve sur mon ordinateur sur le site de la FNAC la dernière place du concert de Patrick Bruel le 30 novembre au « Scarabée » de Riorges.

Et je rédige ce journal, certain cette nuit de rêver à ma déesse.

Valence, 13 novembre

J'étais heureux ce matin. Fatigué mais heureux. Après ma toilette, je me suis rendu à la FNAC récupérer mon billet pour le concert de Patrick Bruel le 30 novembre à Riorges. Mais en allumant mon ordinateur et en allant sur Internet, j'ai appris qu'Emma avait annoncé au lendemain du concert d'Assago qu'elle prenait une pause dans sa carrière pour une durée indéterminée.

Certes, je me souviens que Johnny Hallyday avait fait ses adieux en... 1987, et que les chanteurs ont tendance à parler de pause ou de fin de carrière. La pause d'Emma permettra aussi à la SNCF de faire les travaux en Maurienne et de pouvoir reprendre le train pour aller voir Emma en concert. Si la pause ne dure pas dix ans.

Parce qu'à soixante-quinze ans si je suis encore vivant, je ne pense pas que je voyagerai encore.

Emma avait déjà parlé de tout abandonner à la mort de son père le 5 septembre 2022. On ne sait jamais avec elle sur quel pied danser. Alors qu'il était question qu'elle participe au festival de Sanremo 2025, elle vient d'annoncer qu'il n'en était pas question.

Ma joie d'hier est un peu ternie par cette nouvelle de longue pause indéterminée.

Je reste insouciant et léger depuis le concert magique d'avant-hier, qui m'a redonné la joie de vivre.

Je ne cesse de penser à ma chère Emma.

14 novembre

Il fait froid. Je me réveille tard, et ne me soucie de rien. Mon seul impératif ce jour est la visite chez le psy à 16h00.

Je regarde ce matin le 10ᵉ épisode des « Enquêtes du professeur Capellari », « Détournements mortels ». Il fait bien trop froid pour aller marcher, et j'ai eu beaucoup d'exercice physique à Milan. La station météo indique 8 degrés dehors.

Je vois ensuite « Maigret et le témoignage de l'enfant de chœur » avec Jean Richard.

Je me sens toujours aussi bien.

Ce soir, je regarde à nouveau le premier James Bond, « Docteur No ». Puis, j'ai regardé le bonus du DVD sur le tournage, avec des commentaires de Patrick Macnee, sous titrés en français. J'envisage de revoir les six premiers James Bond avec Sean Connery revus il y a un mois à peine.

15 novembre

Je me réveille tard, il est 9h45.

Je me rends à la belote de l'association ABALS, à Bourg-lès-Valence. J'ai fait trois parties de suite et j'ai gagné.

Au retour, je me suis énervé chez le traiteur, où une cliente indécise m'a fait perdre beaucoup de temps.

Ce soir, je regarde le remake américain plus ou moins érotique de « La Sirène du Mississipi », « Péché Originel », avec Angelina Jolie et Antonio Banderas, bien inférieur à la version de Truffaut.

16 novembre

Bizarrement, je n'ai pas envie d'aller à la belote cet après-midi. Cela me pèse de sortir. Je m'étais inscrit jeudi à 18h30 à une soirée consacrée au vin Vivarais Nouveau. Je vais profiter de ma venue au local AVF pour rayer mon nom.

L'autre samedi, il y avait à la belote une dame âgée assez avenante, Micheline, qui avait proposé que l'on fasse un repas de fin d'année, mais en ce moment elle ne vient plus.

Mon pessimisme a été battu en brèche. L'homme désagréable que j'évoquais le 9 novembre s'est calmé, ayant eu des heurts avec plusieurs membres de l'AVF. J'ai joué avec lui et il s'est montré correct. De ce fait, je me suis réinscrit pour le Vivarais Nouveau. Et dans le foulée inscrit à soirée bowling du 29 novembre, à laquelle j'avais renoncé à participer parce que cet homme venait. Micheline est venue aujourd'hui et elle m'a confirmé que l'on ferait en décembre un repas pour le groupe de la belote. J'espère seulement que cela ne sera pas durant mon séjour italien pour voir Alessandra Amoroso.

Ce soir, je regarde « La Sirène du Mississipi », un de mes films culte, qui est bien meilleur que le remake américain vu hier.

Je ne ressens plus la dépression qui m'étreignait depuis septembre. Merci Emma de m'en avoir délivré. Après le film de Truffaut, je regarde des enregistrements d'Emma faits à Milan le 11 novembre. Même si les vidéos sont de médiocre qualité, je revis cette soirée divine, inoubliable.

Emma, je t'aime. Je te connais depuis 2012 et t'ai toujours aimée, mais depuis ton concert de février 2019, tu as réussi l'impossible : me faire oublier Muriel Baptiste. Je n'ai qu'un souhait : que mes yeux se ferment avant les tiens, je ne pourrais pas supporter deux fois de perdre l'amour de ma vie.

17 novembre

J'ai fait un terrible cauchemar dans lequel je faisais une dépression nerveuse.

Je passe un dimanche tranquille. Je fais ma promenade, ce que je n'avais plus fait depuis le concert d'Emma.

Je regarde les enregistrements d'Emma à Milan. L'enchantement est toujours présent.

Ce soir, je vois un film de Louis de Funès que je ne connais pas, « Les Grandes vacances ».

Je termine la soirée avec Emma et son concert de Milan.

18 novembre

J'ai fait un cauchemar dans lequel je m'ennuyais.

J'ai appelé le coiffeur. Il n'a pas de place avant vendredi 10h00. J'ai pris rendez-vous.

Lohan est malade et le médecin n'a pas de place cette semaine pour le voir. Je suis invité le 7 décembre pour l'anniversaire de mes petits-fils.

En classant mes chansons préférées de tous les temps, je me rends compte de l'importance de Michel Fugain : comme pour Dave, je n'aime pas le personnage, qui soutenait les attentats faits en Corse, mais trois de ses chansons se trouvent dans mes 150 chansons favorites : « Une belle histoire », « Chante comme si tu devais mourir demain », « Regarde les rues de la grande ville ». C'est sublime.

Le 4 novembre, j'évoquais un rêve érotique fait avec une ancienne collègue, Valérie G., ce soir je lui ai envoyé un SMS. J'espère qu'elle me répondra.

Philippe m'avait prévenu, le 12e épisode de « Capellari », « Juste un suicide », n'est pas terrible.

Il est difficile, passé les 7 premiers, de définir l'ordre de mes chanteurs préférés : Peppino di Capri et Emma s'imposent en premier ex-aequo. Sans son séjour en prison, Alan Sorrenti serait peut être premier, mais on ne refera pas l'histoire. Gianni Morandi est à sa juste place en quatrième, Sacha Distel en cinquième, et ex aequo Adamo et Bruel en sixième.

Ensuite, c'est compliqué : Alessandra Amoroso, Dave, Michel Fugain, François Valéry et Nino Ferrer m'ont procuré d'immenses joies musicales. S'ensuivent pêle-mêle Sting, Michel Berger, Michel Delpech, France Gall, Claude François, Marcel Amont, Pupo et tant d'autres.

J'ai une affection particulière pour Marcel Amont, mais il n'a pas fait beaucoup de belles chansons par rapport à d'autres. J'ai peu d'estime pour ce que sont dans la vie Dave et Michel Fugain. Dave est une langue de vipère, Fugain défend les terroristes corses. Les carrières de Claude François et de France Gall sont inégales, ils n'ont guère fait de bonnes chansons dans les années 60. J'aime aussi beaucoup le chanteur de mon enfance, Richard Anthony, ainsi que Demis Roussos et Herbert Léonard. Faut-il vraiment faire un classement ? Si je dois ne retenir qu'un nom, c'est celui d'Emma qui me rend si heureux.

Ce soir, Emma a fait une déclaration à ses fans sur Facebook : « Bonjour à tous, je voulais vous dire que depuis « Mezzo mondo » jusqu'à aujourd'hui, cela a été un voyage incroyable, mais surtout parce que nous l'avons fait ensemble. Nous nous sommes divertis, nous nous sommes émus, nous nous sommes embrassés, mais nous avons fait tant de kilomètres, tant de kilomètres ensemble, vraiment tant. Et donc je voulais vous remercier encore une fois pour tout l'amour, pour tout le soutien que vous avez fait autour de « Souvenir ». Et je ne l'oublierai jamais. Et je voulais vous tranquilliser, je suis tranquille moi, je prends juste le temps pour trouver de nouvelles idées de chansons, et je reviens vers vous. Toujours vers vous, je vous embrasse ».

19 novembre

J'ai fait un cauchemar en rêvant à mes anciens collègues de travail. Ils me laissaient tous tomber, ce qui est arrivé dans la réalité. Parmi eux, il y avait Valérie à qui j'ai envoyé un SMS hier et qui n'a pas répondu.

J'ai passé mon après-midi à attendre le colis des calendriers d'Emma commandés à l'entreprise « Cewe », qui devait être livré par « Colis Privé ». Cela m'a empêché d'aller acheter une écharpe. Le colis a été déposé dans ma boîte aux lettres pendant le cours d'italien.

Je regarde le 13e épisode de « Capellari », « Une épine dans la viande ». Puis des chansons d'Emma à Assago le 11 novembre.

20 novembre

J'ai rêvé de Sacha Distel. Je le rencontrais à son bureau, il était en fin de carrière. Il y avait deux nouveaux 33 tours, des compilations qui devaient sortir. J'étais avec des collègues de travail qui se moquaient de moi. Le rêve était situé dans une zone de temps non définie.

La journée a passé vite. J'ai dû m'acheter une nouvelle écharpe, et aller chercher un drive à Intermarché car je manquais de fruits et de légumes.

Ce soir, après « Capellari », je découvre une vidéo du concert d'Emma à Rome. Si le son est bon, celui qui a filmé était trop loin, on ne la voit pas.

21 novembre

J'ai été très énervé toute la journée, n'ayant pas un moment à moi, à cause des courses et du psy.

Ce soir, le repas du « Vivarais Nouveau » m'a détendu.

Lohan est malade à la veille de son 10e anniversaire.

22 novembre

J'ai fait un rêve bizarre dans lequel il y avait ma mère. Tout d'abord, elle me révélait que mon père était Johnny Hallyday ! Qu'elle avait été mère célibataire et mal jugée par les autres. Dans ce rêve, je rencontrais le chanteur, qui ne souhaitait pas parler avec moi. Je rencontrais aussi Peter Falk et lui demandais pourquoi il ne tournait plus d'épisodes de « Columbo ». (Il est mort le 23 juin 2011). Je pensais aussi avec amertume que j'avais perdu de vue Sylvie P. et Lionel D. qui furent des collègues de travail à la fin des années 90.

Je suis irrité de devoir me lever tôt pour le rendez-vous chez le coiffeur à 10h00.

J'ai perdu trois parties de belote de suite cet après-midi. Une dame m'a pris en sympathie parce que je suis pied-noir. Elle m'a apporté le bulletin d'adhésion de son fils au cercle algérianiste, dont j'ai fait partie pendant plusieurs années.

Après « Capellari », je me suis réabonné à Netflix. Ma fille m'avait donné ses codes mais désormais on ne peut plus les partager. Je regarde une série que j'adore, « Sombre désir », avec Maite Perroni. C'est une série mexicaine. Ensuite, je prévois de regarder « Stranger things », « The Crown » (série au vitriol sur la famille royale anglaise), « Kingsman » (une série semblable à James Bond) et d'autres.

Avec Netflix, je vais élargir le choix de mes films et séries.

23 novembre

Je me suis réveillé très tard. J'ai hâte d'être demain dimanche où je n'aurai pas besoin de sortir. Je vais à la belote à l'association AVF cet après-midi.

Je regarde des épisodes de « Sombre désir », avec la voluptueuse Maite Perroni, actrice mexicaine née en 1983. Mon temps va être très occupé entre les vidéos d'Emma, mes activités aux associations AVF et ABALS, Netflix, mes autres séries et films favoris, mes CD.

A la belote, j'ai gagné trois parties, mais nous avons eu froid, il n'y avait pas de chauffage. Vers 17h30, nous avons quitté les lieux.

Après le dernier épisode des « Enquêtes du professeur Capellari », je regarde la série « Sombre désir ». Je deviens fou de Maite Perroni. Elle est aussi chanteuse, j'ai vu que sur Youtube on trouve beaucoup de chansons d'elle en espagnol, dont un duo avec le rappeur italien Mr.Rain. Mais c'est en tant qu'actrice qu'elle me subjugue. Elle a un corps de rêve, joue des scènes érotiques entièrement dénudée. C'est une femme bien en chair, un peu comme Emma. Je pense que je vais regarder en boucle les deux saisons de « Sombre désir », et beaucoup m'intéresser à Maite.

Pour l'instant, sur Netflix, avant de regarder des séries comme « The Crown » et « Stranger things », je vais surtout voir la série avec Maite. Je n'aime pas trop son prénom, qui me rappelle la fameuse cuisinière. Maite Perroni a un potentiel extraordinaire pour me faire fantasmer, un peu comme Lynda Day George et Lesley Ann Warren dans les années 70. Je n'éprouve pas d'amour pour elle, comme c'est le cas pour Emma, mais un profond désir.

Il fait très froid aujourd'hui, avec une température de dix degrés dehors et un mistral glacé, mais mieux que ma chaudière, Maite me réchauffe. Elle a un corps de rêve. La regarder est un délice.

24 novembre

J'ai rêvé que j'allais me plaindre à la poste et qu'une employée m'envoyait promener. Je ne recevais pas mon courrier correctement. Du coup, j'écrivais au ministre des postes et télécommunications.

Tranquille au chaud, j'ai profité de ce dimanche pour regarder les épisodes restants de la saison 1 de « Sombre désir » avec Maite Perroni, soit dix épisodes.

Après avoir regardé « Les Enquêtes de Vera » sur France 3, j'ai commencé la saison 2 de « Sombre désir ».

25 novembre

J'ai fait des rêves embrouillés que j'ai oubliés.

Il fait très froid aujourd'hui, je suis content de ne pas sortir. Je regarde la deuxième saison de « Sombre désir » sur Netflix. Maite Perroni est sublime.

Ce soir, je regarde une autre série avec la belle mexicaine, « Triada ».

26 novembre

J'ai fait un cauchemar dans lequel des femmes se moquaient de moi.

Malgré le soleil, il fait toujours froid. J'irai marcher quand il fera un temps plus clément. Je regarde Maite Perroni sur Netflix. J'ai terminé la série « Triada » et regarde des épisodes de « Sombre désir ».

Ma fille m'a téléphoné, ce qui n'était pas arrivé depuis longtemps.

Après le cours d'Italien, je suis rentré tard. Ce soir, j'ai retrouvé Maite Perroni dans cinq épisodes de « Sombre désir ». Je découvre que Netflix propose de nombreuses séries qui m'intéressent et vont m'occuper longtemps : « Outlander », « Bodyguard », « Sex/Life », « The Watcher », « Sex Education », « Manifest », s'ajoutent à la liste de toutes celles que je veux voir.

27 novembre

J'ai fait comme hier un cauchemar mais bien plus terrible. Nous étions en pleine guerre d'Algérie et Patrick Bruel expliquait que des jeunes femmes françaises avaient été enlevées à Tlemcem et je craignais que Claire dont je n'avais pas de nouvelles soit concernée. Dans le même rêve, je retrouvais mon parrain et ma tante, qui se plaignaient d'un ami à eux qui venait de divorcer et leur devait de l'argent. Enfin, dans ce songe, Pascal Sevran disait que son éditeur épurait son *journal* avant qu'il soit publié de manière à ce qu'il ne soit pas trop long, et pour éviter au lecteur des détails inutiles.

Je reprends ma marche aujourd'hui. A mon retour, je regarde le 18e épisode des « Envahisseurs », « La Soucoupe volante ». Puis je commence deux nouvelles séries sur Netflix : « Stranger Things » et « The Crown ». J'en regarderai un épisode par jour. Il y en a soixante pour « The Crown », et trente-quatre pour « Stranger Things ». La série « The Crown » sur la famille royale anglaise est achevée, tandis qu'il y aura en 2025 une cinquième saison de « Stranger Things » de huit épisodes.

Je compte terminer « Les Envahisseurs », « Amicalement vôtre » et « Maigret » en alternance avec les séries Netflix. J'enchaîne avec le premier épisode de la série

« Bodyguard » avec Richard Madden, et un autre de « Sombre désir.

Ce soir, je regarde plusieurs épisodes de « Sombre désir » avec Maite Perroni. Lohan a une otite et a dû consulter de nuit le médecin de garde.

28 novembre

Ce mois de novembre est interminable. J'ai fait un beau rêve cette nuit, qui mêlait Muriel et Emma, et c'est la réalité qui me paraît assez fade. Lohan a de la fièvre, et je me lève bien trop tard.

Au moment de partir chez le psy, j'ai trouvé une lettre des impôts, qui me dit que je n'ai pas fait de déclaration de succession suite à la mort de ma mère le 8 juin 2021. Depuis, mon humeur s'est assombrie, et j'attends avec impatience de contacter demain les impôts.

Je regarde des épisodes de « Sombre désir » avec Maite Perroni, mais ce soir le cœur n'y est pas, et je me prépare une bien mauvaise nuit.

29 novembre

Je me suis rendu aux impôts à l'ouverture (8h30), n'ayant pas dormi. Contrairement à ce qui était indiqué sur la lettre, il fallait prendre rendez-vous. Néanmoins, on m'a dit d'appeler le numéro du service et un homme est descendu récupérer mon document au guichet. Ensuite, j'ai contacté l'assurance vie de ma mère qui m'a renvoyé la déclaration à faire aux impôts. J'ai appelé mon interlocuteur aux impôts qui m'a dit de tout lui scanner et de lui envoyer.

J'ai perdu ma bonne humeur qui était née du concert d'Emma le 11 novembre.

Je suis très fatigué, et la perspective du bowling et de la pizzeria, qui étaient une joie sont ternis.

Il faut que je dorme bien ce soir en vue du concert de Patrick Bruel.

Je regarde cet après-midi des épisodes de « Sombre désir ».

Le soir, je me rends à la soirée Bowling de l'association AVF. Trouver le lieu du bowling s'est révélé un casse-tête même avec l'application « Google Maps » de mon téléphone, l'endroit n'étant pas trouvable par le GPS. J'ai gagné dans mon groupe la première partie, et fatigué, perdu de façon lamentable la deuxième. Le repas à la pizzeria a été interminable. Je rentre tard chez moi et très fatigué.

Riorges, 30 novembre

J'ai pu dormir et j'ai fait un rêve dans lequel un héros (soit John Steed soit James Bond) faisait le tour du monde et revenait vers son chef ayant trouvé une nouvelle partenaire agent secret pour travailler. Elle avait le physique de Charlotte Kady mais je ne me souviens pas de son nom dans le rêve.

Ce matin, je me réveille avec des courbatures dues à la partie de bowling.

Le voyage m'a paru long jusqu'à Roanne. A la sortie d'autoroute, on est en fait à Balbigny, il faut parcourir 28 kilomètres pour rejoindre Roanne. Je me suis perdu dans Riorges, je croyais que c'était une commune bien plus petite.

Arrivé tard, nous avons le temps avec Philippe de jouer avec le DVD « Un contre cent » et de voir des sketches de Coluche.

A 19h00, départ pour le concert de Patrick Bruel. Philippe me précède pour m'indiquer l'endroit.

C'est mon troisième concert de Bruel après ceux de 2007 et 2021. Le chanteur commence par le titre « Encore une fois », titre de son dixième et dernier album en date, dont il est le premier single. De ce disque, il chante aussi « Danse pour moi », « La chance de pas... », « Je l'ai fait cent fois » (qui clôture le concert après le rappel), « Tu m'oublieras », reprise du succès de Larusso), « Aux souvenirs que nous sommes » (en hommage à Missak Manouchian), « Le fil » (chanson que j'adore, qu'il interprète au piano en version acoustique au milieu du public au bas des gradins), « On en parle », « Je reviens », « L'Instit » (hommage à ses parents, il a indiqué que son père était ce soir dans la salle).

En hommage aux massacres du 7 octobre 2023, il interprète un titre inédit, « Les chaises vides », qui n'existe pas en version studio, et que j'espère trouver sur le DVD live à venir. Il a aussi chanté un titre hors album de 2018, « Pourquoi ne pas y croire », que je ne connaissais pas.

Les autres titres chantés panachent un peu tous les albums de sa carrière : un medley "Marre de cette nana-là » et « Comment ça va pour vous ? » et en entier « L'appart », du premier album « De face » de 1987.

De son deuxième album, « Alors regarde », de 1989, il a choisi « Alors regarde », « Casser la voix », « Décalé », « J'te l'dis quand même », « Place des grands hommes », et le single qui a suivi le live, « Qui a le droit ? ».

Du troisième album, « Bruel », de 1995, il n'a retenu que le titre principal « Bouge ».

Du quatrième album, « Juste avant », de 1999, il a chanté l'incontournable « Au café des délices » (que j'adore) ainsi que « Tout s'efface » et « Pour la vie ».

Du cinquième album, « Entre deux », de 2002, il a interprété « Mon amant de Saint-Jean ».

Bonne surprise, contrairement au concert que j'ai vu en 2021, il a chanté « J'm'attendais pas à toi », le single principal du sixième album, « Des Souvenirs devant », de 2006. De ce disque, il a également chanté « Panne de mélancolie », titre que j'avais oublié.

Du septième album, « Lequel de nous », de 2012, il a retenu « Maux d'enfants » sur le cyberharcèlement, qui conduit des collégiens au suicide.

Du neuvième album, « Ce soir on sort… », de 2018, il a chanté « Stand up », comme en 2021, « Pas eu le temps ».

Il a donc interprété 31 chansons dont un medley et une chanson inédite.

Le seul album délaissé, et je ne m'en plains pas, et celui de 2016, « Très souvent je pense à vous… », (le huitième), consacré à Barbara.

La prochaine fois, je prendrai une place en gradin. En effet, Patrick Bruel incite ses fans à se lever, ce qui est arrivé une bonne partie du temps, et je n'ai plus l'âge d'assister à des concerts debout, chose que je ne fais même plus pour Emma. Les spectateurs des gradins sont restés assis.

La scène représentait un immense appartement. C'est la raison pour laquelle il a repris cette chanson peu connue du premier album de 1987 « L'appart ».

Je ne sais plus à quel moment Patrick a chanté « Les chaises vides » et le medley des débuts. Sinon, la setlist de la tournée 2024 a été respectée, avec les titres dans cet ordre : « Encore une fois », « Bouge », « Alors regarde », « Au café des délices », « Danse pour moi », « Pourquoi ne pas y croire », « On en parle », « Pas eu le temps », « Je reviens », « L'appart », « Décalé », « Panne de mélancolie », « Tout s'efface », « Mon amant de Saint-Jean », « Tu m'oublieras », « Au souvenir que nous sommes », « Place des grands hommes », « J'm'attendais pas à toi », « J'te l'dis quand même », « L'instit », « Maux d'enfants », « Stand up », « La chance de pas... », « Qui a le droit ? », « Le fil », « J'avance », « Pour la vie », et en rappel « Casser la voix » et « J'l'ai fait cent fois ».

Distillant l'émotion et la bonne humeur, un message de paix mais aussi de lucidité, le chanteur a offert un excellent spectacle. A la sortie, j'ai acheté un programme, deux magnets et un porte-clef. Comme Emma, Patrick Bruel entend désormais prendre une pause.

J'ai rejoint Philippe devant la mairie de Riorges pour regagner son domicile.

Riorges et Valence, 1ᵉʳ décembre

Je suis revenu de Riorges par l'autoroute. J'ai encore mal au dos suite à la soirée bowling.

Je suis enchanté de mon séjour à Riorges et du concert de Patrick Bruel. Je rédige après coup ce *journal*. Je suis très fatigué et regarde la série « Sombre désir » sur Netflix.

2 décembre

Je n'avais pas fait de cauchemar sur mon ancienne entreprise depuis le 6 novembre. J'en ai fait un 49ᵉ cette nuit, dans lequel l'entreprise manquait de moyens, et il fallait chercher du papier et des crayons par ses propres moyens. Dans la foulée, j'ai fait un autre cauchemar dans lequel je me trouvais avec quatre personnes et des extra-terrestres nous attaquaient.

Je regarde mes séries : « Sombre désir », « Strange things », « The Crown », « Les Envahisseurs ».

Il pleut des cordes aujourd'hui.

Je regarde ce soir la première saison de la série de Netflix « Sex/Life ».

3 décembre

J'ai fait un 50ᵉ cauchemar sur mon ancienne entreprise. Je ne m'en souviens plus au réveil, si ce n'est que ma mère y était présente.

Je n'ai pas vu passer la journée. Je regarde la fin de la série « Sex/Life » ce soir.

4 décembre

Tout ce que je me souviens de mon rêve de cette nuit et qu'il y était à la fois question du chanteur Alan Sorrenti et de la motion de censure du gouvernement de Michel Barnier.

La censure a été votée dans la réalité ce soir à 19h00.

5 décembre

Je me prépare à mon nouveau voyage à Milan. Je suis peu inspiré en ce moment pour écrire mon *journal*. J'ai envoyé ma seule carte de vœux à Catherine, l'ancienne dirigeante du club « Le Fugitif », c'est une carte de Noël qui lui parviendra à temps. Comme chaque année, nous nous racontons les joies et peines de l'année écoulée.

J'évite de trop allumer le poste de télévision, commençant à saturer de l'actualité politique. On ne parle que de cela.

Je regarde à nouveau ce soir Netflix, en l'occurrence « Sombre désir » avec Maite Perroni.

6 décembre

J'ai fait deux rêves : dans le premier, j'étais en 1966 sur le tournage de « La Princesse du rail » et je rencontrais Muriel Baptiste. Il y avait un instituteur qui ne comprenait pas mon amour pour Muriel, et je revenais le lendemain de ma visite parler avec Muriel. Je me suis réveillé pour me rendormir et faire un autre rêve. Il y avait ma grand-mère et ma mère. Alan Sorrenti se produisait dans une discothèque. Je l'apercevais sortant de son spectacle, auquel je n'étais pas allé. Voulant le suivre, je complimentais un homme que je confondais avec lui.

Devant l'état de mes finances, je me demande si je n'ai pas fait une bêtise d'aller voir Alessandra Amoroso. Emma a annoncé qu'elle faisait une pause, mais si l'envie lui prenait de faire une tournée d'été en 2025, je ne pourrais pas aller la voir. Alessandra est censée être le concert 2025. Qui peut dire ce que l'avenir nous réserve ? Après tout, Emma avait fait une tournée en novembre 2023 dans les discothèques et elle n'était pas censée faire le forum d'Assago un an plus tard. Emma est ma chanteuse préférée, et elle est le substitut définitif de Muriel Baptiste.

Il n'y a aucune comparaison entre les deux. Emma m'est indispensable.

2025 s'annonce comme une année ennuyeuse, sans projets.

Je reviens de ma partie de belote du vendredi avec l'association ABALS. Il me faut partir un peu avant 13h00 pour être certain de pouvoir jouer. Nous sommes quatre et une cinquième personne arrive et heureusement pour elle peut jouer à une autre table.

Ce soir, je me régale avec le concert d'Emma que Philippe a appelé « Souvenir reconstitué », il s'agit des vidéos du concert du 11 novembre 2024. Il y a quelques chansons de rap qui me font horreur, mais heureusement beaucoup de joyaux comme « Vita Lenta », « Ogni volta è cosi » et « Centomila ».

Montélimar et Rochemaure, 7 décembre

Il y a 41 ans, le mercredi 7 décembre 1983, alors que je venais de terminer mon service militaire, ma grand-mère succombait d'une crise cardiaque, au petit matin. Je vais me recueillir sur sa tombe à Montélimar ce matin, avant d'aller chez ma fille à Rochemaure. Avant de partir, je m'étais rendu au cimetière à Valence sur la tombe de ma mère. En raison du froid, je n'y étais pas allé depuis le 1er novembre. Le cyclamen aux fleurs roses à résisté, tandis que le pot de chrysanthèmes est fané.

J'ai passé une merveilleuse journée avec ma fille et mes petits-enfants.

Nous avons fêté leur anniversaire et ce fut une journée de joie.

Je regarde ce soir « Stranger Things », « The Crown » et commence la série « L'Homme invisible » version 1958. Puis, c'est le sixième épisode de la première saison de « Sombre désir » avec Maite Perroni, « Le bon vieux temps ».

Valence, 8 décembre

J'ai rêvé cette nuit de Jean-Paul Belmondo. Ensuite, je me trouvais avec ma mère dans un bureau de tabac et je feuilletais le mensuel « L'Ecran fantastique », à la recherche de nouvelles d'un futur film de James Bond.

Je prépare mes affaires pour le voyage à Milan.

Aujourd'hui, je commence la deuxième saison de « Stranger Things », puis continue de regarder « The Crown » et « Bodyguard », séries de Netflix. Je regarde ensuite en DVD « The X Files » en débutant par le pilote. Il y a 218 épisodes et deux long-métrages de cinéma.

Je poursuis avec « Les Envahisseurs » et « Amicalement vôtre ».

Le soir, je reçois Philippe en vue du concert d'Alessandra Amoroso à Milan. Nous partons le lendemain en Flixbus.

Milan, 9 décembre

Après un voyage pénible, nous arrivons à l'hôtel. Je suis très fatigué. J'ai décidé que c'était mon dernier voyage en Flixbus. Il me faudra trouver une autre solution pour voir Emma le moment venu.

J'écris ce *journal* mercredi soir à mon retour à Valence, et tout s'embrouille dans ma tête.

Milan, 10 décembre

Nous avons beaucoup marché avec Philippe, presque dix kilomètres, fait des courses, avant de nous rendre vers

20h00 à l'Unipol Forum au concert d'Alessandra Amoroso.

Un mois plus tôt (le 11 novembre), j'étais aux anges lors du spectacle d'Emma. Ce soir, je suis stressé, fatigué et contrarié.

Le temps passe très vite. Alessandra ne chante pas ma chanson préférée « Amore puro ». Je suis de mauvaise humeur depuis le matin, étant descendu au petit déjeuner de l'hôtel à 9 heures, et découvrant un buffet très peu garni.

Le contraste entre le concert d'Emma et celui d'Ale est pour moi stupéfiant. Le son est beaucoup trop fort, et j'ai mis mes protections dans les oreilles. Alors que c'est le même endroit (Unipol forum), rien ne m'a gêné au concert d'Emma, sans doute car j'étais dans un état second, sous son charme. J'ai très peu de place pour mes genoux et mes jambes, et je suis coincé entre un voisin de droite épais et Philippe.

Au retour, je veux prendre une douche, ce qui se révèle impossible. L'eau est soit brûlante soit froide. Je tente une toilette de chat sans grand succès au lavabo. Je me couche, énervé et épuisé.

Rien n'arrange la soirée, je me suis enrhumé.

Milan, 11 décembre

Après une nuit très courte, enrhumé, ayant mal à la gorge, sale de n'avoir pu me doucher, je me rends à la salle du petit déjeuner. Il est 7 heures et le buffet est très peu garni. L'hôtel est donc une terrible déception.

Mais le plus dur est à venir. Au moment de prendre un billet de métro à Assago, ma carte bancaire et mon billet de 20 euros sont refusés. Avec Philippe, nous craignons de rater le départ du Flixbus à 9h30 à la gare routière de Lampugnano.

Le voyage de retour est pénible. Je le trouve épuisant. J'étais revenu boosté de mon concert d'Emma. En arrivant à Valence, je prends peur. Mes oreilles sont bouchées. Il semble que je fasse une baisse de tension.

En prenant le TER de Lyon Perrache à Valence, j'ai voulu recharger la batterie de mon portable. La SNCF est au-dessous de tout. Cela ne fonctionnait pas.

Changeant de place, je trouve enfin une prise pour charger mon smartphone, et j'appelle l'agence Havas. Ce que j'apprends est une immense désillusion. Il n'y a pas de vols d'avions entre Lyon et Milan. L'agence me précise que la voie ferrée entre Chambéry et Milan, en Maurienne, ne sera jamais rétablie. La SNCF va à chaque fois reporter la date de réparation de la voie. Havas me propose d'aller à Paris prendre un vol Paris-Milan, ce qui est du grand n'importe quoi. Ils n'ont pas de solutions par Ventimille. Il existe une voie ferrée TER avec un changement à Savona, mais cela représente une durée de voyage supérieure au Flixbus. Selon l'employée que j'ai au téléphone, les gens en ont pris leur parti et se déplacent par la route. Havas manque me faire prendre une crise d'apoplexie en me proposant comme solution Flixbus !

Heureusement, Emma fait une pause musicale, et j'ai le temps de me retourner. En rentrant chez moi, je prends vite une douche, mais je m'affole car mes oreilles sont toujours bouchées.

Il faut que j'oublie vite tout cela.

A présent, je suis sur mon canapé et tente de me calmer, de prendre du recul. Mes lunettes m'ont blessé jusqu'au sang, je mets l'ancienne paire en titane. L'épisode de baisse de tension artérielle m'a fait très peur. Il y a toujours une solution pour voir un concert d'Emma, mais si je fais un AVC, il n'y aura pas de lendemain, plus de concerts, plus rien.

Valence, 12 décembre

J'ai eu du mal à m'endormir et me suis réveillé à 3h48 du matin. Voulant prendre ma température, je constate que mon thermomètre est hors d'usage. Je dois me rendre à la pharmacie en acheter un autre et aviser ensuite.

J'ai une température de 38.6 degrés. J'appelle ma doctoresse qui me donne rendez-vous demain à 10h30. Elle veut que je fasse un test covid et grippe, et vienne avec un masque. Un rendez-vous est pris à la pharmacie pour les tests à 9h15.

13 décembre

Cette nuit, j'ai mal dormi et j'ai cru entendre ma mère ronfler dans sa chambre.

Je n'ai ni la Covid, ni la grippe. Le médecin m'a dit que c'était un autre virus. Je suis toujours aussi fatigué. Elle m'a pris la température et j'avais 38 degrés.

Soirée séries fantastiques ce soir avec « Stranger things » sur Netflix, le 2e épisode de « The X Files » en DVD, intitulé « Gorge profonde », et enfin un excellent épisode des « Envahisseurs », « L'étau ».

14 décembre

Je suis toujours aussi malade. Je pensais que ce problème de santé passerait plus vite. Je regarde des épisodes de « Stranger things ».

Ce soir, sur Netflix, je regarde l'adaptation 2022 de « L'Amant de Lady Chaterley », avec Emma Corrin. Le film est décevant.

15 décembre

Les jours passent sans une réelle amélioration de ma santé. Aujourd'hui, ce sont mes intestins qui sont détraqués.

Après avoir enchaîné plusieurs épisodes de « The Crown », je regarde ce soir une compilation de scènes d'amour de Maite Perroni, puis le dernier concert d'Emma.

Je suis inquiet pour ma santé ce dimanche soir.

16 décembre

J'ai encore rêvé de mon ancien emploi. Je travaillais dans mon service avec C., ma responsable. C'est le 51e de l'année, le précédent datant du 3 décembre. Quatre ans après avoir quitté mon entreprise, j'en rêve donc une fois par semaine.

Ma visite semestrielle chez ma dentiste pour le détartrage s'est bien passée.

Ce soir, je regarde le deuxième James Bond avec Sean Connery, « Bons baisers de Russie ». Selon moi, la série aurait dû s'arrêter en 1985 avec le dernier joué par Roger Moore, « Dangereusement vôtre ».

Dans la série avec Sean Connery et Roger Moore, il y a une qualité qui se perd ensuite. J'adore les scènes entre Moneypenny la secrétaire du chef et Bond. Et le moment où Bond reçoit sa mission. On a l'impression d'être dans une famille. Il y a aussi Q, l'homme qui fournit les gadgets à Bond. A partir de 1987 et de l'arrivée de Timothy Dalton, on a changé de style pour des films violents. On a touché le fond dans les années 2000 avec Daniel Craig.

Je termine la soirée avec le concert « Emma in da forum » du 11 novembre à Milan. Puis je commence un livre, les mémoires du chanteur Pierre Charby qui eut son heure de gloire dans les années 70, et qui est un ami sur Facebook.

17 décembre

J'ai mes dents sensibles ce matin suite au détartrage. Je suis toujours fatigué.

Spontanément, je trouve que ce qui m'est arrivé de mieux en 2024 est le concert d'Emma le 11 novembre. Je considère que mes problèmes de santé, qui se sont étalés sur l'année entière (le prédiabète, le mauvais résultat du premier test de la prostate, le virus qui m'a gâché le dernier séjour italien), anticipent la vieillesse. Il viendra un jour où je ne pourrai plus voyager. Le dernier déplacement en Italie pour le concert d'Alessandra Amoroso a été éprouvant. Je garde cependant un bon moral.

J'ai cet après-midi mon dernier cours d'italien avant les vacances scolaires.

Je regarde ce soir « Goldfinger », le troisième James Bond. Ce film est inusable, et c'est toujours un régal de le revoir.

18 décembre

Je ne suis toujours pas en forme ce matin. Le rhume persiste et je n'en vois pas le bout. Je dois me rendre à Rochefort Samson aujourd'hui, chez une ostéopathe que j'avais consultée le 12 novembre 2019 à son ancien cabinet de Portes-lès-Valence, ainsi que je le relatais dans mon *journal* « L'Année d'Emma Marrone ».

Floriane B. est une jeune femme douce et qui prend soin de moi. Elle me fait mettre en slip et je suis ensuite en son entier pouvoir réconfortant. Elle me fait appuyer mon dos sur ses mains et soulage toutes mes douleurs. J'ai vu dans ma vie deux autres ostéopathes qui étaient des brutes et me faisaient craquer les articulations, n'étant guère rassurants. Floriane pratique une autre version de sa discipline, en douceur. Le temps s'est arrêté durant la consultation, je ne pensais plus à rien. A un moment, Floriane m'a demandé si elle me faisait mal. J'ai menti en disant que non. J'étais aux anges, j'aurais voulu que la séance dure des heures. Il est follement excitant d'être en slip, en son pouvoir. Avant l'âge de 50 ans, je ne pouvais cacher mes érections, mais je n'ai plus ce problème, devant désormais les stimuler. Aucune crainte donc, la jeune femme ne pouvait deviner mes pensées.

Ma joie a été gâchée à mon retour. Mon aide-ménagère m'a signalé que le syphon de l'évier de ma cuisine est à changer. Il y a un seau en dessous. Elle insiste sur l'urgence de faire venir le plombier, mais n'est pas consciente que je doive faire des économies. Cette réparation attendra.

Ce soir, je regarde le quatrième James Bond avec Sean Connery, « Opération tonnerre ».

19 décembre

La réparation n'attendra pas, il y avait beaucoup d'eau dans le seau ce matin. Le plombier de mon entreprise de chauffagiste viendra le 30 décembre à 14h00. Il n'a pas de créneau avant. En sortant de ma douche, ma fille vient de m'appeler. Elle a des soucis bien plus sérieux que les miens.

Je vois aujourd'hui une dernière fois le psy, qui part en vacances jusqu'à la première semaine de février.

Je ne suis pas rassuré ce soir, j'ai mal à la tête et j'ai repris du doliprane. Il semble que mon rhume ne soit pas près de finir.

Je regarde le cinquième James Bond avec Sean Connery, « On ne vit que deux fois ». Puis je termine le livre de souvenirs du chanteur Pierre Charby.

20 décembre

Je ne comprends pas Emma, qui vient d'annoncer une pause et donne un concert de nouvel an à Bari.

Le soleil brille aujourd'hui, et j'en ai bien besoin. Mon rhume (ou autre virus) ne passe pas. Cette faiblesse physique est en train de mettre mon moral en berne. Lohan veut voir un dessin animé franco-lituanien, « Flow », mais il n'y a que trois séances au Teil et les dates ne conviennent pas à ma fille. J'espère que l'on pourra voir ce film quand même, ou un autre.

Ce soir, je regarde le septième James Bond, « Les Diamants sont éternels » avec Sean Connery. Puis, je revois la série avec Maite Perroni « Sombre désir », à partir du premier épisode.

21 décembre

J'ai rêvé qu'avec ma mère je visitais une exposition. Il y avait une machine géante qui était soit une imprimante, soit une photocopieuse.

Ma santé semble s'améliorer, Il est grand temps. Je suis certain que mon moral va en faire de même.

Je vais me rendre à la belote à 15h00 à l'association AVF, dernière fois avant les vacances scolaires. Hier, j'ai joué à la belote à l'association ABALS, qui ne ferme pas durant les vacances.

C'est un Noël triste qui se profile. Certains motifs de cette morosité émanent de ma fille, et je n'en dirai pas davantage ici, lui souhaitant que sa vie redevienne plus joyeuse.

Je me suis régalé à la belote, où j'ai gagné. Il y avait beaucoup de monde, plus de douze personnes (trois tables de quatre, dont une de tarot qui nécessite plus de joueurs). A ma table, une femme ne jouait pas, mais en aidait une autre, de sorte que malgré le nombre, personne ne s'est ennuyé.

Pour le réveillon, ma fille prépare pour le réveillon des amuse-gueules, du poulet et une buche glacée.

Ce soir, je regarde le huitième James Bond, le premier avec Roger Moore, « Vivre et laisser mourir ».

Je termine la soirée avec le 3e épisode de « The X Files », « Compressions ».

22 décembre

J'ai fait un cauchemar dans lequel je tombais en panne sur l'autoroute.

Je réalise que je n'attends plus rien. Les plus belles choses de ma vie sont dans le passé. Je trouve notre époque bien triste. Dans mes souvenirs, l'un des plus beaux est l'attente du dimanche 4 février 1973, jour de la première diffusion des « Risques du métier » avec Muriel Baptiste. J'étais amoureux fou d'elle. Les grands moments de bonheur sont ensevelis dans ma mémoire. En dehors de ma fille et de mes petits-fils, tous les membres de ma famille ne sont plus de ce monde. En me remettant avec tant de difficultés d'un virus, j'ai constaté que j'avais bien 65 ans et que je n'ai plus la forme d'autrefois.

Le reste du dimanche s'est bien passé. J'ai regardé des séries et écouté des CD.

Ce soir, je regarde pour la quatrième fois cette année « L'Homme au pistolet d'or », le neuvième James Bond et le deuxième avec Roger Moore. J'adore littéralement ce film, comme « Morts suspectes » avec Geneviève Bujold.

23 décembre

J'ai fait mon 52e cauchemar de l'année sur mon ancienne entreprise. Avec un de mes premiers supérieurs (dans les années 80), Bernard M., j'étais contrôlé dans le cadre d'une Action de Contrôle Interne (ACI). Je n'avais pas les moyens de me justifier et j'étais angoissé.

Après avoir passé une bonne journée à regarder des séries et à écouter des CD, je découvre ce soir sur France 2 la série « Zorro » avec Jean Dujardin. Je trouve que le comédien est trop âgé pour le rôle.

Rochemaure, 24 décembre

J'ai le vague souvenir d'avoir rêvé cette nuit de la chanteuse Mary Roos, une allemande qui a fait une carrière française au début des années soixante-dix.

J'ai passé un merveilleux réveillon chez mon gendre, avec ma fille, mon petit-fils Lohan et le fils de mon gendre.

J'ai été gâté par ma fille en cadeaux (un bracelet en argent et un coffret avec des gourmandises de Noël, pâtés, etc...) et en cuisine pour le repas. Vers 22h00, elle a été prise de douleurs au niveau de la nuque, consécutives à la maladie d'Arnold dont elle souffre. J'ai donc pris congé à 22h30. Je revois ma fille et Lohan jeudi, car j'emmène ce dernier au cinéma.

Mon rhume ne guérit pas et je n'ai cessé de moucher durant le réveillon.

Valence, 25 décembre

J'ai rêvé de ma mère. Je voulais retourner à Montélimar mais elle avait cédé son appartement.

Je passe un Noël paisible chez moi, Claire m'a donné des restes qui font mon repas de midi. J'écoute des CD.

Sur la chaîne Amazon Prime Video, j'ai trouvé une série avec Maite Perroni, hélas ! pas doublée en français. Elle s'intitule « El juego de las llaves » qui veut dire en français « Le Jeu des clés ». C'est une série mexicaine, comportant trois saisons et en tout 24 épisodes. Maite joue dans les deux premières saisons, soit 18 épisodes.

J'ai regardé la première saison, mais ensuite Maite ne fait que quelques apparitions, et j'ai préféré la revoir sur

Netflix dans « Sombre désir », série dans laquelle est bien plus convaincante et séduisante.

Rochemaure, 26 décembre

J'ai fait mon pire cauchemar de l'année. J'étais atteint d'un cancer et je consultais avec ma mère (ou ma grand-mère) des spécialistes qui me parlaient en espagnol, et jamais ne prononçaient le nom de la maladie, mais des termes comme carcinome. A mon réveil, j'étais particulièrement choqué mais heureux de revenir à la réalité.

Je suis tombé dans un embouteillage de plus de trente minutes pour rejoindre l'autoroute. Après le déjeuner, j'ai joué avec ma fille à des jeux de société, comme lorsqu'elle était enfant.

Avec Lohan, nous avons vu ensemble notre 17e film, le dessin animé « Flow ». J'ai passé une agréable journée avec ma petite famille.

Ce soir, je regarde Maite Perroni dans « Sombre désir » sur Netflix.

Valence, 27 décembre

J'ai rêvé de Muriel Baptiste. Je me demande pourquoi je ne rêve pas de Maite Perroni.

Catherine R., du club « Le Fugitif », n'a pas répondu à ma carte de vœux.

Je me suis rendu à la belote de l'association « Abals », perdant la première partie et gagnant les deux suivantes.

Ce soir, je regarde plusieurs épisodes de « Sombre désir » avec Maite Perroni, puis le téléfilm « Les Brumes du souvenir » avec Gaëlle Bona.

28 décembre

J'ai fait un cauchemar dans lequel je devais passer mon baccalauréat avec une épreuve de philosophie inédite. Il fallait se procurer des livres de nouveaux philosophes totalement incompréhensibles.

J'espérais la visite de ma fille qui ce soir va chercher Lucas à la gare TGV, mais elle n'a pas eu le temps.

La journée a passé vite.

J'ai regardé ce soir « Les Murs du souvenir », suite du téléfilm d'hier. Cette suite m'a déçu.

29 décembre

J'ai rêvé que je demandais à ma mère à m'aider à vendre des CD.

Aujourd'hui, Claire est à Walibi avec les enfants.

Je regarde ce soir « Les Ondes du souvenir » avec Gaëlle Bona, téléfilm que je trouve très émouvant. Je suis agacé de devoir enlever tous les produits ménagers sous l'évier pour l'intervention du plombier demain.

Je termine ma soirée avec « Sombre désir » avec Maite Perroni.

30 décembre

J'ai rêvé de ma mère. Dans ce songe, je rencontrais une femme âgée dans une agence matrimoniale qui m'emmenait en Italie et me prenait pour son domestique.

L'année se termine et j'ai du mal à dresser un bilan des jours écoulés. J'ignore ce que me réserve 2025. Je n'ai pas envie de le savoir.

J'ai hâte que le plombier vienne s'occuper de la fuite à l'évier de la cuisine. Je ne supporte plus la moindre contrariété, et surtout d'être à la disposition de gens qui viennent lorsqu'ils le veulent.

Il me semble que cet hiver est plus froid que d'habitude.

Le plombier est venu mais les travaux sont plus importants que le changement d'un syphon. Il faut changer de la tuyauterie, et il y en a pour une heure de travail. Je dois auparavant accepter un devis que l'entreprise va m'envoyer. Reste à trouver un créneau dans l'agenda du plombier.

Vers 16h20, l'entreprise me téléphone pour fixer un rendez-vous ce jeudi à 11h00, chose qui m'arrange tout à fait. Le devis m'a été donné par téléphone, 161.88 euros.

Je regarde ce soir sur France 2 les quatre derniers épisodes de « Zorro » avec Jean Dujardin.

Je termine l'avant-dernière soirée de l'année avec la série « Sombre désir » avec Maite Perroni

31 décembre

Il semble que je fasse à nouveau une gingivite comme en juillet. J''ai été réveillé au petit matin par des douleurs et j'ai pris un doliprane. Il me reste une fin de flacon de Dentex, et un flacon de bain de bouche Paroex. Je vais me rendre à la pharmacie racheter du Dentex.

Sur RAI 3, une émission est dédiée à la chanson napolitaine, et je peux voir Peppino di Capri en 1970 chantant « Me chiamme ammore ».

Je pense avoir commis une erreur en allant voir Alessandra Amoroso en décembre en considérant qu'il s'agissait du « concert 2025 ». D'une part, j'ai été trop fatigué par deux concerts à un mois d'intervalle. D'autre part, avoir déjà vu le concert 2025 en décembre 2014 signifie une année à venir à se serrer la ceinture. Or, il y a des choses plaisantes à voir l'année qui vient. Par exemple des concerts de musiques de films à Lyon. Il y aura aussi des choses agréables à acheter, certains CD notamment. Il ne faut pas anticiper l'avenir.

Mon frère, à l'occasion des vœux, me fait savoir qu'il est nonagénaire, se déplace avec une canne et ne peut plus guère conduire.

Cette année, je réveillonne seul. Il y a du champagne, du vin blanc, quelques toasts, une saucisse de Morteau, des plats offerts par Claire dans une valisette.

Ma fille m'apprend que Patrick Bruel est en concert à Montélimar le 27 mars. Il s'agit du même spectacle que j'ai vu à Roanne le 30 novembre.

En me souhaitant une bonne santé, j'espère profiter de 2025 sans trop me priver. Il n'y aura sans doute pas de concerts en Italie. Côté finances, je dois pratiquer la rigueur sans tomber dans l'austérité.

Catherine R. me fait mentir. L'ancienne présidente du club « Le Fugitif » m'a adressé une carte de vœux.

Pour passer de 2024 à 2025, j'ai décidé de regarder le film d'Adrian Lyne « Liaison fatale » que j'avais vu à sa sortie en 1987. Il a pour vedettes Michael Douglas, Glenn Close et Anne Archer. Le défaut de la distribution est Anne Archer, guère crédible en épouse de Michael Douglas. Elle fait plus âgée que son personnage.

J'ai mangé copieusement. Je vais boire une coupe de Champagne pour fêter la nouvelle année, seul.

Le 31 décembre est une date comme une autre. Il marque la fin de ce *journal*. Je cherche déjà le titre du prochain.

J'ai déjà plusieurs idées à ce sujet : « Le Temps de la mélancolie », « L'Année des incertitudes », « L'Année de l'ennui », « Le Temps de l'ennui », « Demain l'incertitude », « Les lendemains inconnus », « La Mélancolie du lendemain ».

Je suis à un âge et à une période de ma vie où demain n'est pas une certitude.

Ma fille m'a souhaité la bonne année.

DU MEME AUTEUR

Chez BOD

<u>Journaux</u>

JOURNAL 2015

JOURNAL 2016 JANVIER JUILLET

JOURNAL 2016 AOUT DECEMBRE

DE MURIEL BAPTISTE A LARA FABIAN JOURNAL 2017

L'ANNEE BLANCHE JOURNAL 2018

L'ANNEE D'EMMA MARRONE JOURNAL 2019

EN ATTENDANT EMMA JOURNAL 2023 JANVIER JUIN

EN ATTENDANT EMMA JOURNAL 2023 JUILLET DECEMBRE

VIVRE L'INSTANT PRESENT JOURNAL 2024 JANVIER JUIN

Chez d'autres éditeurs

<u>Biographies</u>

MURIEL BAPTISTE, LA REINE FOUDROYEE (Publibook, 2007)

MURIEL BAPTISTE, LA VIE : QUELLE GIFLE ! (Persée 2014, réédition 2015 Publibook)

MURIEL BAPTISTE, LA CONVERSATION IMPOSSIBLE (Publibook, 2016)